Italienische
Gerichte

Italienische

Gerichte

Parragon
Bath · New York · Singapore · Hong Kong · Cologne · Delhi · Melbourne

Buchdesign: Pink Creative
Fotos: Charlie Richards*
Food styling: Mary Wall
Internal prop styling: Sarah Waller
Cover-Foto: Clive Streeter
Einleitung: Christine McFadden

Realisation der deutschen Ausgabe: trans texas publishing, Köln
Lektorat: Wiebke Pilz, Köln
Übersetzung: Melanie Schirdewahn, Köln

ISBN: 978-1-4075-8416-4

Printed in Indonesia

Hinweise

Sofern die Schale von Zitrusfrüchten benötigt wird, verwenden Sie unbedingt unbehandelte Früchte.

Sind Zutaten in Löffeln angegeben, ist immer ein gestrichener Löffel gemeint: Ein Teelöffel entspricht 5 ml, ein Esslöffel 15 ml.

Sofern nicht anders angegeben, wird Vollmilch (3,5 %) verwendet.

Es sollte stets frisch gemahlener schwarzer Pfeffer verwendet werden.

Bei Eiern und einzelnen Gemüsesorten, z. B. Kartoffeln, verwenden Sie mittelgroße Exemplare.

Kinder, ältere Menschen, Schwangere, Kranke und Rekonvaleszenten sollten auf Gerichte mit rohen oder nur leicht gegarten Eiern verzichten.

Die angegebenen Zeiten können von den tatsächlichen leicht abweichen, da je nach verwendeter Zubereitungsmethode und vorhandenem Herdtyp Schwankungen auftreten.

* außer auf den Seiten: 6, 7, 12, 46, 50, 66, 74, 77, 81, 82, 86, 94, 98, 102, 120, 127, 154, 166, 185 und 186

Inhalt

Einleitung

Essen hat in Italien aufgrund der langen kulinarischen Tradition einen hohen Stellenwert. Es wird als Teil der Kultur aufgefasst und spielt in regionalen Bräuchen und in der italienischen Geschichte eine wichtige Rolle. Kochen und Essen sind in Italien gleichbedeutend mit Geselligkeit und gutem Wein. Für die meisten Italiener dreht sich das Leben um die täglichen Mahlzeiten, die sie zu Hause oder in einem der zahlreichen Lokale und Restaurants genießen.

Trotz eines eher hektisch anmutenden Lebensstils finden die Italiener immer noch Zeit für einen Sprung auf den Wochenmarkt oder in ein Feinkostgeschäft, um möglichst frische und hochwertige Produkte einzukaufen. Auch wenn alle Zutaten das ganze Jahr hindurch erhältlich sind, wird Obst und Gemüse der Saison bevorzugt, denn nur dieses ist wirklich reif und herrlich aromatisch.

Regionale Unterschiede

Bevor Italien 1870 zu einem Staat vereinigt wurde, bestand das Land aus zahlreichen kleinen Republiken und Königreichen. Jedes Gebiet besaß eine eigenständige Identität und eine eigene regionale Küche. Was auf den Tisch kam, hing von den geografischen Gegebenheiten und der Kultur ab.

In den fruchtbaren Ebenen des Nordens wurden häufig Milchprodukte und Rindfleisch verzehrt. Noch heute wird dort zum Kochen mehr Butter als Öl verwendet, und viele Saucen basieren auf Sahne oder Kuhmilchkäse. Im heißen, trockenen Süden hingegen waren die Speisen weniger reichhaltig und bestanden zumeist aus Olivenöl, Gemüse und Fisch. Käse wurde aus Schafs- oder Ziegenmilch hergestellt. In den Küstenregionen entstanden wunderbare Fischgerichte, während in den Bergen Wurstwaren von großer Bedeutung waren, da sie sich lange lagern ließen.

In der Lombardei, in der Po-Ebene und im venezianischen Hinterland war Reis ein verbreitetes Grundnahrungsmittel. Zusammen mit Polenta wurde er als Armeleuteessen angesehen und oftmals mit einfachen Zutaten zubereitet, wie im Risotto Primavera. Gebackene Polenta war ein weiteres einfaches, aber nahrhaftes Gericht, das mit vielen anderen Zutaten kombiniert werden konnte. Auch heute sind Reis und Polenta in den jeweiligen regionalen Küchen noch immer sehr populär.

Jede Region hat bis heute ihre eigenen Brotspezialitäten: luftig-knuspriges Ciabatta im Norden, ungesalzenes Weißbrot in der Toskana und knusprige Broträder aus Vollkornmehl in Apulien.

Auch bei der Pasta gibt es regionale Unterschiede. Im Norden wird sie oft frisch mit Eiern zubereitet, um die sahnigen Soßen besser aufzunehmen. Im Süden hingegen verwendet man harte, getrocknete Pasta aus Hartweizen und Wasser, die perfekt zu den öl- und tomatenbasierten Saucen passt.

Zwar sind dank moderner Kühl- und Transportmöglichkeiten inzwischen viele Gerichte in ganz Italien verbreitet, dennoch ist jede der 20 italienischen Regionen sehr stolz auf ihre eigene kulinarische Identität. Italiener halten ihrer Kochtradition gern die Treue, entwickeln aber auch ständig neue Ideen und bleiben am Puls der Zeit.

Grundzutaten

Viele italienische Grundzutaten halten sich monatelang. Mit den folgenden Artikeln im Vorratsschrank können Sie jederzeit eine leckere Mahlzeit zusammenstellen.

FISCH UND MEERESFRÜCHTE – KONSERVIERT

Sardellenfilets: In Öl, Essig- oder Salzlake eingelegt erhältlich. Für Pizza, Salate, Dips und Saucen oder zum Aromatisieren von Fleisch- oder Gemüsegerichten. Sie intensivieren das Aroma, ohne einen spezifischen Fischgeschmack zu verleihen.

Thunfisch: In Öl oder im eigenen Saft erhältlich. Unersetzlich für Salate und Pastasaucen.

Venusmuscheln: In Dosen oder Gläsern erhältlich. Für Pastasaucen oder Risottos.

HÜLSENFRÜCHTE

Bohnen, Linsen und Kichererbsen werden in ganz Italien verzehrt, insbesondere aber in der Toskana und in Umbrien. Sie werden in Dosen oder getrocknet angeboten. Letztere müssen vor dem Kochen über Nacht in Wasser eingeweicht werden, schmecken dafür aber aromatischer als die Dosenware.

KÄSE

Fontina: weicher Kuhmilchkäse. Guter Schmelzkäse für Saucen und Gratins. Süßes, buttriges Aroma.

Gorgonzola: cremiger Blauschimmelkäse aus Kuhmilch mit kräftigem Geschmack. Exzellent zum Aromatisieren von Pastasaucen und Suppen. Auch für die Käseplatte geeignet.

Mascarpone: frischer Kuhmilchkäse mit einem Fettgehalt von 40–50 %. Für Pastasaucen, Aufläufe und Desserts.

Mozzarella: weißer, leicht zäher, frischer Käse mit guten Schmelzeigenschaften. Der hochwertigste wird aus Büffelmilch hergestellt, verbreiteter ist jedoch Kuhmilchmozzarella. Für Salate, als Pizzakäse oder für Lasagne.

Parmesan (Parmigiano Reggiano): Kuhmilch-Hartkäse mit geschützter Herkunftsbezeichnung. Vielschichtiger, nussiger Geschmack und leicht körnige Struktur. Für Gratins oder Salate. Kurz gereifter Parmesan eignet sich auch für die Käseplatte. Immer erst kurz vor der Verwendung reiben.

Pecorino: Schafsmilch-Hartkäse mit krümeliger Struktur und kräftigem Geschmack. Für Gratins.

Ricotta: weicher, frischer, ungesalzener Käse aus Kuhmilchmolke. Sein milder Geschmack ist ideal für süße und herzhafte Speisen. Für gefüllte Pasta, Dips, Saucen, Gebäck und Tartes.

KRÄUTER

Frische Kräuter sind immer die beste Wahl, doch Rosmarin, Thymian, Salbei, Majoran und Oregano können auch getrocknet verwendet werden. 1 Teelöffel getrocknete Kräuter ersetzen 1 Esslöffel frische Kräuter.

OLIVENÖL

Wird gemäß internationaler Standards klassifiziert. Je geringer der Säuregehalt, desto hochwertiger das Öl. Sollte an einem kühlen, dunklen Ort aufbewahrt werden und möglichst in dunklen Flaschen gekauft werden.

Natives Olivenöl extra (Güteklasse I): Säuregehalt von max. 1 %. Wundervoller, pfeffriger Geschmack und fruchtiges Aroma. Für Dressings, gegrilltes Gemüse und zum Tunken für Brot.

Natives Olivenöl (Güteklasse II): Säuregehalt von höchstens 2 %. Milder Geschmack. Eher zum Braten als für Dressings geeignet.

Olivenöl (Güteklasse IV): Mischung aus raffiniertem und kalt gepresstem Olivenöl. Nur zum Braten geeignet. Teilweise unharmonischer Geschmack.

PASTA – GETROCKNET

Es gibt zwei Pasta-Grundrezepte: aus Hartweizenmehl und Wasser oder aus Weizenmehl und Eiern. Italienische Pasta gibt es in unzähligen Formen, die sich jeweils für bestimmte Saucentypen eignen. Lange, runde Nudeln passen am besten zu Saucen auf Tomaten- oder Ölbasis, da sie gut an der Pasta haften bleiben. Pasta mit Hohlräumen hingegen bieten Platz für stückige Saucen. Eiernudeln sind saugfähiger und nehmen sahnige Saucen sehr gut auf.

PINIENKERNE

Ölige, cremefarbene Kerne mit einem leicht süßlichen Geschmack. Wichtiger Pesto-Bestandteil, aber auch für Kekse und Kuchen geeignet.

POLENTA

Grob gemahlenes Maismehl. Je nach der Menge des zugegebenen Wassers wird Polenta weich wie Kartoffelpüree serviert oder zu einem festen Brei gekocht, abgekühlt, in Stücke geschnitten und anschließend gebraten oder gegrillt.

RISOTTOREIS

Risottoreiskörner besitzen einen hohen Stärkegehalt, wodurch der Risotto seine typische Cremigkeit erhält. Am bekanntesten ist Arborioreis, doch Vialone oder Carnaroli sind ebenfalls gut geeignet.

WURSTWAREN

Pancetta: eine Art Bauchspeck. Ist gewürfelt oder in dünnen Scheiben erhältlich.

Parmaschinken: zarter Schinken mit süßlichem Geschmack. Aus Schweinen hergestellt, die über 150 kg auf die Waage bringen. Wird nach festgelegten Standards in der Parma-Region in Norditalien luftgetrocknet.

Salami: Dauerwurst in zahlreichen verschiedenen Größen, Formen und Geschmacksrichtungen.

Tipps und Tricks

Die italienische Küche ist herrlich unkompliziert, und mit den folgenden Kniffen gelingen Ihre italienischen Köstlichkeiten garantiert.

Pastateig selbst herstellen

- Nudelteig mag Wärme. Kneten Sie den Teig daher nie auf Arbeitsflächen aus Stein oder Marmor, sondern auf einem großen Holzbrett oder anderen eher warmen Materialien.
- Das beste Resultat erzielen Sie mit italienischem Weizenmehl Type 00, das sich aber auch durch das bei uns gängige Weizenmehl Type 405 ersetzen lässt.
- Ausrollen per Hand: Den Teig mindestens 10–15 Minuten kneten, bis er glatt und geschmeidig ist. Auf einem bemehlten Küchentuch sehr dünn ausrollen, bis das Küchentuchmuster durchscheint.
- Ausrollen in der Nudelmaschine: Den Teig in Streifen immer wieder durch die Maschine walzen und den Abstand der Walzen nach und nach verringern. Dies ist recht zeitraubend, aber notwendig. Seien Sie geduldig, und überspringen Sie keinen Grad.

Pasta kochen

- Eine Topfgröße wählen, in der sich die Pasta beim Kochen gut bewegen und aufquellen kann.
- Die Zugabe von Öl zum Kochwasser ist nicht notwendig, wichtig ist, eine große Menge Wasser zum Kochen zu bringen. Rechnen Sie 1 Liter Wasser und 1 Teelöffel Salz pro 100 g Pasta.
- Niemals mehr als 1 Kilo Pasta im selben Topf kochen.

Polenta zubereiten

- Die trockene Polenta in kochendes Wasser geben und unter Rühren bis zur gewünschten Konsistenz einkochen lassen. Die Gardauer kann variieren, daher immer die Packungsanleitung beachten.
- Die Konsistenz der Polenta hängt von der zugegebenen Wassermenge ab:
  Fest: 2 Teile Wasser/1 Teil Polenta
  Mittelfest: 5 Teile Wasser/1 Teil Polenta
  Weich: 7 Teile Wasser/ 1 Teil Polenta
- Jeweils eine Handvoll Polenta einrieseln lassen. Um Klumpenbildung zu vermeiden, jede Handvoll vollständig einarbeiten, bevor die nächste Portion hinzugefügt wird. Sobald sich die Masse vom Topfrand löst, ist die Polenta fertig.
- Feucht servieren: Die Masse in eine Schüssel füllen.
- Trocken servieren: Die Masse in eine flache Auflaufform geben und mit einem Palettmesser glatt streichen. Fest werden lassen und anschließend in die gewünschte Form schneiden.
- Grillen: Polentascheiben von beiden Seiten mit Olivenöl bestreichen und in eine heiße Grillpfanne geben. 5–7 Minuten von jeder Seite goldgelb grillen, bis die Ränder knusprig sind.

Risotto zubereiten

- Einen großen Topf verwenden.
- Risottoreis nicht waschen – die Stärke in den Reiskörnern ist für die Zubereitung sehr wichtig.
- Ausschließlich heiße Brühe zugeben. Die Brühe möglichst in einem kleinen Topf warm halten.
- Die heiße Brühe nur nach und nach unter ständigem Rühren zufügen. Dabei erst weitere Brühe zugeben, wenn der Reis die Flüssigkeit komplett aufgesogen hat.

Pizza- und Brotteig zubereiten

- Das Mehl vor der Verarbeitung sieben, um Klumpen zu entfernen und das Mehl luftig zu machen. Beim Sieben am besten schon das Salz hinzufügen, um es gleichmäßig im Mehl zu verteilen.
- Hefe liebt eine warme Umgebung. Alle Zutaten und Küchenutensilien sollten daher zimmerwarm sein.
- Für lauwarmes Wasser 1 Teil kochendes Wasser mit 2 Teilen kaltem Wasser mischen.
- Die erforderliche Wassermenge kann von der Mengenangabe im Rezept abweichen – abhängig ist sie von der Mehlsorte und der Luftfeuchtigkeit. Immer ein wenig Mehl und Wasser zurückbehalten und bei Bedarf noch hinzufügen, bis die gewünschte Konsistenz erreicht ist.
- Den Teig mindestens 10 Minuten durchkneten, bis er glatt und elastisch ist.
- Nach dem Kneten in eine leicht eingeölte, tiefe Schüssel geben. Dadurch klebt der Teig beim Aufgehen nicht am Schüsselrand fest.
- Pizza immer bei der höchstmöglichen Temperatur auf der obersten Schiene backen. Besonders knusprig wird der Boden, wenn die Pizza auf einem vorgeheizten Pizzastein gebacken wird. Andernfalls eine perforierte Pizzaform verwenden – durch die Löcher können Hitze und Luft auch bis zur Mitte des Bodens vordringen.

Antipasti und Suppen

Schon seit Jahrhunderten sind Antipasti untrennbar mit der italienischen Esskultur verbunden. Wörtlich übersetzt bedeutet Antipasti „vor dem Mahl" (anti = vor, pasto = Mahl) und bezeichnet heiße oder kalte Häppchen, die vor dem ersten Gang serviert werden, um den Appetit anzuregen. Antipasti können aus Gemüse, Fleisch oder Fisch bestehen und rangieren zwischen schlichten Salaten und aufwendigen Fleisch- oder Fischgerichten. Beim norditalienischen Bagna Cauda werden rohe Gemüsestifte in einen warmen Knoblauchdip getunkt, oft wird Gemüse aber auch in Öl oder Essig mariniert und mit einer von Italiens unzähligen Wurst- und Schinkensorten kombiniert. Ein Hochgenuss sind Antipasti aus Fisch und Meeresfrüchten. Besonders beliebt sind Gebratene Riesengarnelen, doch auch konservierter Fisch, wie Sardellenfilets oder Sardinen, sind sehr populär.

Polenta zubereiten

- Die trockene Polenta in kochendes Wasser geben und unter Rühren bis zur gewünschten Konsistenz einkochen lassen. Die Gardauer kann variieren, daher immer die Packungsanleitung beachten.
- Die Konsistenz der Polenta hängt von der zugegebenen Wassermenge ab:
  Fest: 2 Teile Wasser/1 Teil Polenta
  Mittelfest: 5 Teile Wasser/1 Teil Polenta
  Weich: 7 Teile Wasser/ 1 Teil Polenta
- Jeweils eine Handvoll Polenta einrieseln lassen. Um Klumpenbildung zu vermeiden, jede Handvoll vollständig einarbeiten, bevor die nächste Portion hinzugefügt wird. Sobald sich die Masse vom Topfrand löst, ist die Polenta fertig.
- Feucht servieren: Die Masse in eine Schüssel füllen.
- Trocken servieren: Die Masse in eine flache Auflaufform geben und mit einem Palettmesser glatt streichen. Fest werden lassen und anschließend in die gewünschte Form schneiden.
- Grillen: Polentascheiben von beiden Seiten mit Olivenöl bestreichen und in eine heiße Grillpfanne geben. 5–7 Minuten von jeder Seite goldgelb grillen, bis die Ränder knusprig sind.

Risotto zubereiten

- Einen großen Topf verwenden.
- Risottoreis nicht waschen – die Stärke in den Reiskörnern ist für die Zubereitung sehr wichtig.
- Ausschließlich heiße Brühe zugeben. Die Brühe möglichst in einem kleinen Topf warm halten.
- Die heiße Brühe nur nach und nach unter ständigem Rühren zufügen. Dabei erst weitere Brühe zugeben, wenn der Reis die Flüssigkeit komplett aufgesogen hat.

Pizza- und Brotteig zubereiten

- Das Mehl vor der Verarbeitung sieben, um Klumpen zu entfernen und das Mehl luftig zu machen. Beim Sieben am besten schon das Salz hinzufügen, um es gleichmäßig im Mehl zu verteilen.
- Hefe liebt eine warme Umgebung. Alle Zutaten und Küchenutensilien sollten daher zimmerwarm sein.
- Für lauwarmes Wasser 1 Teil kochendes Wasser mit 2 Teilen kaltem Wasser mischen.
- Die erforderliche Wassermenge kann von der Mengenangabe im Rezept abweichen – abhängig ist sie von der Mehlsorte und der Luftfeuchtigkeit. Immer ein wenig Mehl und Wasser zurückbehalten und bei Bedarf noch hinzufügen, bis die gewünschte Konsistenz erreicht ist.
- Den Teig mindestens 10 Minuten durchkneten, bis er glatt und elastisch ist.
- Nach dem Kneten in eine leicht eingeölte, tiefe Schüssel geben. Dadurch klebt der Teig beim Aufgehen nicht am Schüsselrand fest.
- Pizza immer bei der höchstmöglichen Temperatur auf der obersten Schiene backen. Besonders knusprig wird der Boden, wenn die Pizza auf einem vorgeheizten Pizzastein gebacken wird. Andernfalls eine perforierte Pizzaform verwenden – durch die Löcher können Hitze und Luft auch bis zur Mitte des Bodens vordringen.

Suppen spielen in der italienischen Küche ebenfalls eine große Rolle. Sie variieren zwischen leichter, feiner Bouillon und reichhaltigen, deftigen Eintöpfen. In Italien werden Suppen lieber warm als kochend heiß serviert und selten püriert – man sieht gern, was man isst.
Auch bei den Suppen gibt es regionale Unterschiede. Im Norden enthalten sie oft Reis als Grundlage, während im Süden typischerweise Tomaten-, Knoblauch- und Nudelsuppen auf den Tisch kommen.
In der Toskana liebt man sämige Bohnen- oder Brotsuppen, wie Tomaten-Brot-Suppe oder Ribollita – eine herzhafte Gemüse-Bohnen-Suppe, die mit Brotstücken angereichert wird. Eine ideale Art, um Brot vom Vortag zu verwerten und in einer köstlichen Suppe zu servieren.

Bruschetta

FÜR 4 PERSONEN

300 g Kirschtomaten
4 getrocknete Tomaten
4 EL natives Olivenöl extra
16 frische kleine Basilikumblätter
Salz und Pfeffer
2 Knoblauchzehen
8 Ciabattascheiben

1. Den Backofen auf der höchsten Stufe vorheizen. Die Kirschtomaten mit einem scharfen Messer halbieren und die getrockneten Tomaten in Streifen schneiden. Alles in eine Schüssel geben, Olivenöl, Basilikum, Salz und Pfeffer zufügen und gut vermengen.

2. Die Knoblauchzehen halbieren. Die Ciabattascheiben auf den Rost legen und auf der oberen Schiene im Backofen goldbraun rösten. Vom Grill nehmen und mit dem Knoblauch über eine Seite der Brotscheiben reiben.

3. Die Ciabattascheiben auf einem Servierteller anrichten, die Tomatenmischung darauf verteilen und sofort servieren.

Crostini alla Fiorentina

FÜR 6 PERSONEN

3 EL natives Olivenöl extra
1 Zwiebel, gehackt
1 Selleriestange, gehackt
1 Karotte, gehackt
1–2 Knoblauchzehen, zerdrückt
120 g Hühnerleber
120 g Kalbs-, Lamm- oder Schweineleber
150 ml Rotwein
1 EL Tomatenmark
2 EL frisch gehackte glatte Petersilie
3–4 eingelegte Sardellenfilets, fein gehackt
2 EL Brühe oder Wasser
Salz und Pfeffer
25–40 g Butter
1 EL Kapern, plus einige mehr zum Garnieren
12 geröstete Baguettescheiben
Petersilienblätter, zum Garnieren

1. Das Öl in einer Pfanne erhitzen und Zwiebel, Sellerie, Karotte und Knoblauch darin unter Rühren 4–5 Minuten weich dünsten.

2. Inzwischen Hühner- und Kalbsleber waschen und trocken tupfen. Die Kalbsleber in Streifen schneiden und zusammen mit der Hühnerleber in die Pfanne geben. Einige Minuten rundum anbräunen.

3. Mit der Hälfte des Weins ablöschen und köcheln lassen, bis die Flüssigkeit um die Hälfte reduziert ist. Den restlichen Wein, Tomatenmark, die Hälfte der Petersilie, Sardellenfilets, Brühe, Salz und viel schwarzen Pfeffer zufügen und gut verrühren.

4. Die Mischung abgedeckt unter gelegentlichem Rühren etwa 15 Minuten köcheln, bis die Leber gar und der größte Teil der Flüssigkeit aufgenommen ist. Die Pfanne vom Herd nehmen.

5. Die Mischung etwas abkühlen lassen, in die Küchenmaschine geben und zu einem groben Püree verarbeiten.

6. Die Lebermischung zurück in die Pfanne geben und Butter, Kapern sowie die restliche Petersilie zufügen. So lange erwärmen, bis die Butter zerlassen ist. Erneut mit Salz und Pfeffer abschmecken und auf den Baguettescheiben verstreichen. Die Crostini auf einer Servierplatte mit Kapern und Petersilienblättern garnieren und warm oder kalt servieren.

Frittierte Mozzarella-Brot-Ecken

FÜR 4 PERSONEN

8 Scheiben Kastenweißbrot vom Vortag, Kruste entfernt

100 g Mozzarella, in dicken Scheiben

50 g schwarze Oliven, entsteint und gehackt

8 eingelegte Sardellenfilets, abgetropft und gehackt

16 frische Basilikumblätter, plus einige mehr zum Garnieren

Salz und Pfeffer

4 Eier, verquirlt

150 ml Milch

Pflanzenöl, zum Frittieren

1. Jede Brotscheibe diagonal in 2 Dreiecke schneiden. 8 der Dreiecke mit je 1 Scheibe Mozzarella, Olivenstückchen, 1 Sardellenfilet und 2 Basilikumblättern belegen. Mit Salz und Pfeffer würzen. Die restlichen 8 Brotdreiecke auf die belegten legen und die Kanten fest zusammendrücken.

2. Eier und Milch in einer Schüssel verquirlen und in eine flache Auflaufform gießen. Die Brotecken vorsichtig darin wenden, in die Auflaufform legen und 5 Minuten ziehen lassen.

3. Reichlich Öl in einer großen Pfanne auf 180 °C erhitzen, bis ein Brotwürfel darin in 30 Sekunden bräunt. Die Kanten der Brotecken noch einmal fest zusammendrücken.

4. Die Brotecken portionsweise vorsichtig ins Öl geben und von jeder Seite 2 Minuten goldbraun frittieren. Mit einem Schaumlöffel aus dem Öl heben und auf Küchenpapier abtropfen lassen. Je 2 Mozzarella-Brot-Ecken auf 1 Teller geben, mit Basilikumblättern garnieren und sofort servieren.

Auberginenröllchen

FÜR 4 PERSONEN

2 Auberginen, längs in dünnen Scheiben
Salz
80 ml natives Olivenöl extra
1 Knoblauchzehe, zerdrückt
4 EL grünes Pesto
180 g Mozzarella, gerieben
frische Basilikumblätter, grob zerzupft, plus einige mehr zum Garnieren
Pfeffer

1. Die Auberginenscheiben mit Salz bestreuen, in ein Sieb legen und 10–15 Minuten ziehen lassen, damit die Bitterstoffe austreten. Die Scheiben umdrehen und den Vorgang wiederholen. Die Auberginen unter fließend kaltem Wasser abspülen und auf Küchenpapier abtropfen lassen.

2. Den Backofen auf 180 °C vorheizen. Das Olivenöl in einer großen Pfanne erhitzen und den Knoblauch darin dünsten. Die Auberginenscheiben portionsweise in die Pfanne geben und kurz von beiden Seiten anbraten. Die Pfanne vom Herd nehmen und die Auberginenscheiben auf Küchenpapier abtropfen lassen.

3. Eine Seite der Auberginenscheiben mit Pesto bestreichen, mit Mozzarella und Basilikum bestreuen und mit Salz und Pfeffer würzen. Aufrollen und mit Zahnstochern fixieren.

4. Die Auberginenröllchen auf ein mit Backpapier ausgelegtes Backblech setzen und im Ofen etwa 8–10 Minuten backen.

5. Die Röllchen auf einer vorgewärmten Servierplatte anrichten, mit Basilikum garnieren und sofort servieren.

Marinierte Pilze

FÜR 6–8 PERSONEN

1 kg gemischte Pilze, z. B. Steinpilze, Pfifferlinge, Austernpilze und/oder braune Champignons

1 frische rote Chili

250 ml Olivenöl

100 ml weißer Balsamico-Essig

Salz

frische Rosmarin- oder Oreganozweige

1. Die Pilze mit feuchtem Küchenpapier abwischen. Die Chili längs halbieren, entkernen und das Fruchtfleisch in feine Streifen schneiden. Beiseitestellen.

2. 100 ml Olivenöl in einem großen Topf erhitzen und die Pilze darin unter Rühren andünsten, bis das ausgetretene Wasser verdunstet ist. Die Chilistreifen hinzufügen und weitere 1–2 Minuten dünsten. Den Essig unterrühren und mit Salz abschmecken.

3. Die Pilze in eine Schüssel füllen, die Rosmarinzweige unterheben und mit dem restlichen Öl beträufeln. Die Schüssel mit Frischhaltefolie abdecken und die Pilze über Nacht im Kühlschrank ziehen lassen. Die Pilze gut vermengen und servieren.

Marinierte weiße Bohnen

FÜR 4 PERSONEN

250 g getrocknete Cannellinibohnen
1 Lorbeerblatt
1 Knoblauchzehe
4 Frühlingszwiebeln
1 EL Zitronensaft
3 EL Weißweinessig
70 ml Olivenöl
Salz und Pfeffer

ZUM SERVIEREN
frisch gehackte Petersilie
Parmesanspäne

1. Die Bohnen in einer großen Schüssel mit reichlich kaltem Wasser bedecken und über Nacht einweichen.

2. Die Bohnen samt Einweichwasser in einen Topf füllen, das Lorbeerblatt und die unzerkleinerte Knoblauchzehe hinzufügen und aufkochen. Die Hitze reduzieren und 1–1½ Stunden sanft köcheln lassen, dabei regelmäßig den aufsteigenden Schaum abschöpfen, bis die Bohnen gar sind.

3. Vom Herd nehmen, Lorbeerblatt und Knoblauch wegwerfen. Die Bohnen im Kochwasser abkühlen lassen, bis sie lauwarm sind. Inzwischen die Frühlingszwiebeln in dünne Streifen schneiden und beiseitestellen. Zitronensaft, Essig und Öl sowie Salz und Pfeffer nach Geschmack in einer Schüssel zu einem Dressing verquirlen.

4. Die Bohnen abgießen und gut abtropfen lassen. In eine große Schüssel füllen, die Frühlingszwiebeln unterrühren und alles mindestens 15 Minuten marinieren. Kurz vor dem Servieren mit Petersilie und Parmesanspänen bestreuen.

Tomaten-Bagna-Cauda mit Frühlingsgemüse

FÜR 4 PERSONEN

800 g gemischtes Gemüse, z. B. Sellerie-Sticks, Spargelspitzen, Brokkoliröschen und Artischockenherzen

Bauernbrot, in mundgerechten Würfeln, nach Belieben geröstet

BAGNA CAUDA

200 ml natives Olivenöl extra

3 Knoblauchzehen, in dünnen Scheiben

50 g eingelegte Sardellenfilets, abgetropft

1 EL Butter (nach Belieben)

3–4 getrocknete Tomaten in Öl, abgetropft und sehr fein gehackt

4–5 frische Basilikumblätter, grob zerzupft

1. Die Gemüsesorten einzeln in kochendem Wasser bissfest garen. Abgießen und abkühlen lassen.

2. Das Gemüse mit den Brotwürfeln auf einer Servierplatte anrichten. Alternativ die Brotwürfel in einem Korb oder einer Schüssel zum Gemüse reichen.

3. Für die Bagna Cauda Öl, Knoblauch und Sardellen in einem Topf bei geringer Hitze erwärmen. Die Sardellen mit einer Gabel zerdrücken und 3–4 Minuten unter Rühren erhitzen, bis sie sich mit dem Öl verbunden haben und die Knoblauchscheiben weich sind. Die Mischung nicht zu heiß werden lassen, der Knoblauch darf sich nicht verfärben. Nach Belieben Butter einrühren und die getrockneten Tomaten zugeben.

4. In eine kleine Schüssel füllen und das Basilikum unterrühren. Sofort mit dem Gemüse und den Brotwürfeln servieren.

Gemischte Fleisch-Antipasti

FÜR 4 PERSONEN

1 Cantaloup-Melone
50 g italienische Salami, in dünnen Scheiben
8 Scheiben Prosciutto
8 Scheiben Bresaola
8 Scheiben Mortadella
4 Eiertomaten, in dünnen Scheiben
4 frische Feigen, halbiert
120 g schwarze Oliven, entsteint
2 EL frisch gehackte Basilikumblätter
frisch gemahlener schwarzer Pfeffer
4 EL natives Olivenöl extra

ZUM SERVIEREN

1 Ciabatta, in Scheiben
natives Olivenöl extra

1. Die Melone halbieren, die Kerne entfernen und das Fruchtfleisch in 8 Spalten schneiden. Die Spalten nebeneinander am Rand einer großen Servierplatte platzieren.

2. Salami-, Prosciutto-, Bresaola- und Mortadellascheiben locker falten und nebeneinander unterhalb der Melonenspalten anrichten. Tomatenscheiben und Feigenhälften in der Mitte der Servierplatte arrangieren.

3. Oliven, Basilikum und Pfeffer darübergeben und alles mit Olivenöl beträufeln. Mit Ciabattascheiben und Olivenöl servieren.

Mariniertes Carpaccio

FÜR 4 PERSONEN

200 g Rinderfilet am Stück
2 EL Zitronensaft
Salz und Pfeffer
4 EL natives Olivenöl extra
50 g Parmesanspäne
4 EL frisch gehackte glatte Petersilie
Zitronenspalten, zum Garnieren
frisches Brot, zum Servieren

1. Das Filet gut kühlen und mit einem scharfen Messer in hauchdünne Scheiben schneiden. Die Scheiben auf 4 Tellern anrichten.

2. Zitronensaft, Salz, Pfeffer und Olivenöl in einer Schüssel verquirlen und über das Fleisch träufeln. Die Teller mit Frischhaltefolie abdecken und das Fleisch 10–15 Minuten marinieren.

3. Die Frischhaltefolie entfernen und das Carpaccio mit Parmesanspänen und Petersilie bestreuen. Mit Zitronenspalten garnieren und mit frischem Brot servieren.

Gebratene Riesengarnelen

FÜR 4 PERSONEN

20–24 rohe Riesengarnelen
120 g Butter
4 EL natives Olivenöl extra
4 Knoblauchzehen, in Scheiben
6 EL Weinbrand
Salz und Pfeffer
2 EL frisch gehackte Petersilie
Zitronenspalten, zum Servieren

1. Die Garnelen abspülen und mit Küchenpapier trocken tupfen.

2. Butter und Öl in einer großen Pfanne erhitzen, Knoblauch und Garnelen zugeben und 3–4 Minuten unter Rühren anbraten, bis die Garnelen rosa und gar sind.

3. Mit dem Weinbrand beträufeln und mit Salz und Pfeffer würzen. Garnelen und Sud auf einer Servierplatte anrichten und mit Petersilie bestreuen. Mit Zitronenspalten sofort servieren.

Gebratene Sardinen

FÜR 4 PERSONEN

500 g frische kleine Sardinen, geschuppt
Mehl, zum Bestäuben
Olivenöl, zum Braten

ZUM SERVIEREN
grobes Meersalz
Zitronenspalten

1. Die Sardinen waschen und mit Küchenpapier trocken tupfen. Sardinen, die länger als 9 cm sind, ausnehmen und die Köpfe abtrennen. Kleinere Fische können im Ganzen gebraten werden.

2. Das Mehl auf einem Teller verteilen, die Sardinen darin wenden und überschüssiges Mehl abschütteln.

3. Eine Pfanne 4 cm hoch mit Öl füllen, erhitzen und die Sardinen darin goldbraun braten. Auf eine Servierplatte geben, mit Meersalz bestreuen und mit Zitronenspalten servieren.

Gemüsesuppe mit Pesto

FÜR 6 PERSONEN

1 EL Olivenöl
1 Zwiebel, fein gehackt
1 große Porreestange, in dünnen Ringen
1 Selleriestange, in dünnen Scheiben
1 Karotte, geviertelt und in dünnen Scheiben
1 Knoblauchzehe, fein gehackt
1,5 l Wasser
1 Kartoffel, gewürfelt
1 Pastinake, fein gewürfelt
1 kleiner Kohlrabi oder Speiserübe, gewürfelt
150 g Prinzessbohnen, in kleinen Stücken
150 g frische Erbsen oder Tiefkühlware, aufgetaut
2 kleine Zucchini, geviertelt und in Scheiben
400 g Flageoletbohnen aus der Dose, abgespült und abgetropft
Salz und Pfeffer
100 g frischer Spinat, in dünnen Streifen

PESTO
1 große Knoblauchzehe, fein gehackt
20 g frische Basilikumblätter
80 g frisch geriebener Parmesan
4 EL natives Olivenöl extra

1. Das Öl in einem großen Topf bei geringer bis mittlerer Hitze erwärmen. Zwiebel und Porree darin 5 Minuten unter gelegentlichem Rühren glasig dünsten. Sellerie, Karotte und Knoblauch zugeben und abgedeckt 5 Minuten unter häufigem Rühren dünsten.

2. Wasser, Kartoffel, Pastinake, Kohlrabi und grüne Bohnen hinzufügen. Zum Kochen bringen und bei reduzierter Hitze abgedeckt 5 Minuten köcheln lassen.

3. Erbsen, Zucchini und Bohnen hineingeben und großzügig mit Salz und Pfeffer abschmecken. Erneut bedecken und 25 Minuten köcheln lassen, bis das Gemüse gar ist.

4. Inzwischen für den Pesto Knoblauch, Basilikum und Parmesan in einer Küchenmaschine pürieren und mit dem Olivenöl zu einer glatten Paste verarbeiten. Bei Bedarf den Pesto zwischendurch von dem Rand lösen. Alternativ alles in einem Mörser fein zerstoßen.

5. Den Spinat in die Suppe geben und alles weitere 5 Minuten köcheln lassen. Abschmecken, nach Bedarf mehr Salz und Pfeffer zufügen, dann etwa 1 Esslöffel Pesto in die Suppe rühren. Die Suppe auf vorgewärmte Schalen verteilen und mit dem verbliebenen Pesto servieren.

Tomaten-Brot-Suppe

FÜR 6 PERSONEN

450 g Weißbrot, Ciabatta oder Baguette vom Vortag
1 kg Fleischtomaten
4 EL Olivenöl
4 Knoblauchzehen, zerdrückt
500 ml kochendes Wasser
Salz und Pfeffer
1 Bund frisches Basilikum
90 ml natives Olivenöl extra, zum Servieren

1. Das Brot in Scheiben schneiden, würfeln (nach Wunsch kann die Rinde entfernt werden) und 30 Minuten trocknen lassen. Inzwischen die Tomaten häuten und in Stücke schneiden.

2. Das Olivenöl in einem großen Topf erhitzen, den Knoblauch zugeben und auf mittlerer Stufe unter Rühren kurz anbraten, ohne dass der Knoblauch bräunt. Die Tomaten zugeben und 20–30 Minuten köcheln lassen, bis die Mischung andickt.

3. Die Brotwürfel zugeben und rühren, bis alle Flüssigkeit aufgenommen ist. Das kochende Wasser einrühren, bis eine dickflüssige Suppe entsteht. Kräftig mit Salz und Pfeffer abschmecken (die nötige Salzmenge hängt von der verwendeten Brotsorte ab).

4. Die Basilikumblätter von den Stielen lösen und große Blätter in Stücke zupfen. Die Blätter in die Suppe einrühren.

5. In Suppenteller füllen, jeweils mit einem Esslöffel Olivenöl beträufeln und sofort servieren.

Ribollita

FÜR 4 PERSONEN

3 EL Olivenöl
2 rote Zwiebeln, grob gehackt
3 Karotten, in Scheiben
3 Selleriestangen, grob gehackt
3 Knoblauchzehen, gehackt
1 EL frisch gehackter Thymian
Salz und Pfeffer
400 g Cannellinibohnen aus der Dose, abgespült und abgetropft
400 g gehackte Tomaten aus der Dose
600 ml Wasser oder Gemüsebrühe
2 EL frisch gehackte Petersilie
500 g Schwarzkohl oder Wirsing, in Streifen
1 kleines Ciabatta vom Vortag, in kleinen Stücken
natives Olivenöl extra, zum Servieren

1. Das Olivenöl in einem großen Topf erhitzen und Zwiebeln, Karotten und Sellerie darin 10–15 Minuten unter häufigem Rühren dünsten. Knoblauch, Thymian sowie nach Geschmack Salz und Pfeffer hinzufügen. Das Gemüse weitere 1–2 Minuten goldbraun dünsten.

2. Bohnen und Tomaten in den Topf geben. Genügend Wasser oder Brühe angießen, bis das Gemüse bedeckt ist. Einmal aufkochen und bei reduzierter Hitze 20 Minuten köcheln lassen. Petersilie und Schwarzkohl zugeben und weitere 5 Minuten köcheln lassen.

3. Das Brot unterrühren und bei Bedarf mehr Wasser hinzufügen. Die Suppe sollte allerdings recht dick sein.

4. Abschmecken und gegebenenfalls mehr Salz und Pfeffer zufügen. Die Suppe auf vorgewärmte Schalen verteilen und mit etwas Olivenöl beträufelt sofort servieren.

Toskanische Bohnensuppe

FÜR 6 PERSONEN

300 g Cannellinibohnen aus der Dose, abgespült und abgetropft

300 g Borlottibohnen aus der Dose, abgespült und abgetropft

600 ml Hühner- oder Gemüsebrühe

120 g Conchigliette oder andere kleine Nudeln

4 EL Olivenöl

2 Knoblauchzehen, fein gehackt

3 EL frisch gehackte glatte Petersilie

Salz und Pfeffer

1. Je die Hälfte der Cannellini- und Borlottibohnen mit der Hälfte der Brühe in einer Küchenmaschine fein pürieren. In einen großen Topf füllen und die restlichen Bohnen hinzufügen. So viel Brühe unterrühren, bis die gewünschte Konsistenz erreicht ist, und zum Kochen bringen.

2. Die Pasta zugeben, erneut aufkochen und bei reduzierter Hitze 15 Minuten garen.

3. Inzwischen 3 Esslöffel Öl in einer kleinen Pfanne erhitzen. Den Knoblauch darin unter ständigem Rühren 2–3 Minuten goldbraun dünsten. Den Knoblauch mit der Petersilie in die Suppe geben.

4. Mit Salz und Pfeffer abschmecken und die Suppe auf vorgewärmte Schalen verteilen. Mit dem restlichen Öl beträufeln und sofort servieren.

Der erste Gang

Der erste Gang (*primo piatto*) besteht in Italien gemeinhin aus einem Pasta-, Gnocchi-, Risotto- oder Polentagericht. Pasta steht auf der Beliebtheitsskala weit oben, ist leicht zuzubereiten und sehr vielseitig. Sie dient als Suppeneinlage, wird mit leckeren Saucen gereicht oder gefüllt und im Ofen gratiniert. Einige der bekanntesten Nudelgerichte sind Spaghetti Bolognese oder Spaghetti alla Carbonara, doch die Liste an köstlichen Pastasaucen ist lang. Da sind beispielsweise die feurige Tomatensauce Arrabbiata oder die herzhafte Puttanesca mit Tomaten, Kapern, Oliven und Sardellenfilets. Auch zart gefüllte Ravioli mit Salbeibutter, Spinat-Cannelloni oder Lasagne sind ein wunderbarer erster Gang.

Gnocchi – locker-leichte kleine Klöße aus zerstampften Kartoffeln oder Grieß, die häufig mit Spinat oder Käse aromatisiert werden – sind

ebenfalls sehr beliebt. Sie werden in kochendem Wasser gegart und mit einer Sauce oder mit geschmolzenem Käse und Butter gereicht.

Insbesondere in Norditalien, wo Reis ein Grundnahrungsmittel ist, wird als erster Gang gern Risotto serviert. Risotto wird aus sehr stärkehaltigem Kurzkornreis hergestellt, mit dem ein viel cremigeres Resultat erzielt werden kann als mit Langkornreis. Unentbehrliche Zutat im Risotto ist Parmesan, der nur in Fisch- oder Meeresfrüchterisottos fehlt.

Auch Polenta ist im Norden Italiens sehr beliebt. Aus Maismehl und Wasser angerührt, kommt sie in den Regionen des Nordens oft weich und cremig und mit geschmolzenem Käse vermischt auf den Tisch. Weiter östlich bevorzugt man eher feste, gebratene Polenta.

Spaghetti Bolognese

FÜR 4 PERSONEN

1 EL Olivenöl
1 Zwiebel, fein gehackt
2 Knoblauchzehen, gehackt
1 Karotte, gehackt
1 Selleriestange, gehackt
50 g Pancetta oder Speck, gewürfelt
350 g Rinderhackfleisch
400 g gehackte Tomaten aus der Dose
2 TL getrockneter Oregano
125 ml Rotwein
2 EL Tomatenmark
Salz und Pfeffer
350 g Spaghetti

1. Das Öl in einer Pfanne erhitzen und die Zwiebel darin 3 Minuten glasig dünsten. Knoblauch, Karotte, Sellerie und Pancetta zufügen und 3–4 Minuten goldbraun anbraten.

2. Das Rinderhack zugeben und bei starker Hitze weitere 3 Minuten braten, bis das Fleisch braun ist. Tomaten, Oregano und Rotwein unterrühren und aufkochen. Die Hitze reduzieren und etwa 45 Minuten köcheln.

3. Tomatenmark unterrühren und mit Salz und Pfeffer abschmecken. Die Pasta in Salzwasser nach Packungsanleitung al dente kochen.

4. Die Spaghetti in eine Schüssel geben, die Bolognese-Sauce darübergießen, mischen und sofort servieren.

Spaghetti alla Carbonara

FÜR 4 PERSONEN

400 g Spaghetti
4 Eier
60 g Schlagsahne
50 g frisch geriebener Parmesan
50 g frisch geriebener Pecorino
Salz und Pfeffer
20 g Butter
150 g Pancetta oder Speck, gewürfelt
frisch gemahlener schwarzer Pfeffer, zum Servieren

1. Leicht gesalzenes Wasser in einem großen Topf zum Kochen bringen. Die Spaghetti hineingeben, erneut aufkochen und nach Packungsanleitung al dente kochen.

2. Inzwischen Eier, Sahne, beide Käsesorten sowie Salz und Pfeffer nach Geschmack in einer Schüssel glatt rühren. Die Butter in einer großen Pfanne zerlassen und den Pancetta darin knusprig braten.

3. Die Pasta abgießen und nur leicht abtropfen lassen, mit in die Pfanne geben und die Eimischung darübergießen. Vom Herd nehmen und rühren, bis die Eimischung heiß, aber noch immer cremig ist.

4. Auf vorgewärmte Teller verteilen und mit frisch gemahlenem schwarzem Pfeffer bestreuen. Sofort servieren.

Pasta all'arrabbiata

FÜR 4 PERSONEN

350 g Tortiglioni
Salz
Pecorinospäne, zum Servieren

SUGO
70 ml natives Olivenöl extra
450 g Eiertomaten, gewürfelt
Salz und Pfeffer
150 ml trockener Weißwein
1 EL getrocknete Tomaten, püriert
2 frische rote Chillies
2 Knoblauchzehen, fein gehackt
4 EL frisch gehackte glatte Petersilie

1. Für den Sugo das Öl in einer Pfanne stark erhitzen. Die Tomaten zugeben und unter Rühren 2–3 Minuten anbraten. Die Hitze reduzieren und die Tomaten 20–30 Minuten köcheln lassen, bis sie ganz weich geworden sind. Mit Salz und Pfeffer abschmecken und den Sugo durch ein feines Sieb in einen Topf passieren.

2. Wein, getrocknete Tomaten, ganze Chillies und Knoblauch zufügen und zum Kochen bringen. Die Hitze reduzieren und die Sauce einköcheln lassen.

3. Leicht gesalzenes Wasser in einem Topf zum Kochen bringen. Die Pasta zugeben und nach Packungsanleitung al dente kochen.

4. Die Chillies aus dem Sugo entfernen. (Falls Sie die Sauce schärfer mögen, können Sie die Chillies auch fein hacken und zurück in den Topf geben.) Die Sauce mit Salz und Pfeffer abschmecken und die Hälfte der Petersilie einrühren.

5. Die Pasta abgießen und in eine große vorgewärmte Schüssel geben. Die Sauce über die Tortiglioni gießen und vorsichtig vermengen. Mit der restlichen Petersilie garnieren und mit den Pecorinospänen servieren.

Pasta mit Basilikumpesto

FÜR 4 PERSONEN

450 g Tagliatelle
Salz
frische Basilikumblätter, zum Garnieren

BASILIKUMPESTO
2 Knoblauchzehen
30 g Pinienkerne
Salz
120 g frische Basilikumblätter
50 g frisch geriebener Parmesan
120 ml Olivenöl

1. Für den Pesto Knoblauch, Pinienkerne, 1 großzügige Prise Salz und Basilikum in einem Mörser zerstoßen. Die Masse in eine Schüssel geben und mit einem Holzlöffel erst langsam den Parmesan und dann das Olivenöl einarbeiten, bis eine dicke, cremige Sauce entsteht. Abschmecken und bei Bedarf nachsalzen.

2. Alternativ Knoblauch, Pinienkerne und Salz in die Küchenmaschine geben und kurz pürieren. Die Basilikumblätter zugeben und zu einer Paste vermischen. Bei noch laufendem Gerät langsam das Olivenöl zugießen. Die Mischung in eine Rührschüssel geben und den Parmesan unterrühren.

3. Leicht gesalzenes Wasser in einem Topf zum Kochen bringen und die Pasta darin nach Packungsanleitung al dente kochen. Das Wasser abgießen, die Tagliatelle gut abtropfen lassen und wieder in den Topf geben. Mit der Hälfte des Pestos vermengen. Auf vorgewärmte Teller verteilen und den restlichen Pesto über die Pasta löffeln. Mit Basilikumblättern garnieren und sofort servieren.

Spaghetti alla Norma

FÜR 4 PERSONEN

180 ml Olivenöl
500 g Eiertomaten, gehäutet und gehackt
1 Knoblauchzehe, gehackt
Salz und Pfeffer
350 g Auberginen, gewürfelt
400 g Spaghetti
½ Bund frisches Basilikum, grob zerzupft
120 g frisch geriebener Pecorino

1. 4 Esslöffel Öl in einem großen Topf erhitzen. Tomaten und Knoblauch hineingeben, mit Salz und Pfeffer abschmecken und abgedeckt bei schwacher Hitze unter gelegentlichem Rühren etwa 25 Minuten garen.

2. Inzwischen das restliche Öl in einer Pfanne erhitzen und die Auberginenwürfel darin unter gelegentlichem Rühren 5 Minuten goldbraun braten. Mit einem Schaumlöffel aus der Pfanne heben und auf Küchenpapier abtropfen lassen.

3. Leicht gesalzenes Wasser in einem großen Topf zum Kochen bringen und die Spaghetti darin nach Packungsanleitung al dente kochen.

4. Inzwischen die Auberginenwürfel in die Tomatenmischung rühren und nach Geschmack mit Salz und Pfeffer nachwürzen.

5. Die Pasta abgießen und in eine vorgewärmte Schüssel geben. Tomaten-Auberginen-Mischung, Basilikum und die Hälfte des Käses darübergeben, gut durchheben und mit dem restlichen Käse bestreut servieren.

Spaghetti alla Puttanesca

FÜR 4 PERSONEN

3 EL Olivenöl
2 Knoblauchzehen, fein gehackt
10 eingelegte Sardellenfilets, abgetropft und gehackt
140 g schwarze Oliven, entsteint und gehackt
1 EL Kapern, abgespült und abgetropft
450 g Eiertomaten, gehäutet, entkernt und gewürfelt
1 Prise Cayennepfeffer
400 g Spaghetti
Salz
2 EL frisch gehackte Petersilie, zum Garnieren

1. Das Olivenöl in einer Pfanne erhitzen. Den Knoblauch hineingeben und bei geringer Hitze unter Rühren 2 Minuten andünsten. Die Sardellen zugeben und mit einer Gabel zerdrücken. Oliven, Kapern und Tomaten zufügen und nach Geschmack mit Cayennepfeffer würzen. Abdecken und 25 Minuten köcheln lassen.

2. Inzwischen leicht gesalzenes Wasser in einem großen Topf zum Kochen bringen. Die Pasta darin nach Packungsanleitung al dente kochen. Abgießen, abtropfen lassen und in eine vorgewärmte Schüssel füllen.

3. Die Sardellensauce auf die Spaghetti geben und mit 2 großen Gabeln unterheben. Mit der gehackten Petersilie garnieren und sofort servieren.

Spaghetti Vongole

FÜR 4 PERSONEN

1 kg Venusmuscheln, abgebürstet
175 ml Wasser
175 ml trockener Weißwein
350 g Spaghetti
70 ml Olivenöl
2 Knoblauchzehen, fein gehackt
4 EL frisch gehackte glatte Petersilie
Salz und Pfeffer

1. Die Muscheln in einen großen Topf geben. Wasser und Wein zugießen und abgedeckt bei starker Hitze unter gelegentlichem Schütteln des Topfes 5 Minuten garen, bis sich die Muscheln geöffnet haben. Mit einem Schaumlöffel herausheben und den Garsud durch ein Mousselin-Tuch in einen kleinen Topf seihen. Den Sud aufkochen und um die Hälfte reduzieren. Geschlossene Muscheln wegwerfen und die übrigen aus den Schalen lösen. Beiseitestellen.

2. Leicht gesalzenes Wasser in einem großen Topf zum Kochen bringen. Die Spaghetti darin nach Packungsanleitung al dente kochen.

3. Inzwischen das Öl in einer großen Pfanne erhitzen. Den Knoblauch hineingeben und unter häufigem Rühren 2 Minuten andünsten. Petersilie und reduzierten Garsud zugeben und köcheln lassen. Die Pasta abgießen, abtropfen lassen und mit den Muscheln in die Pfanne geben. Mit Salz und Pfeffer abschmecken und unter Rühren 4 Minuten erhitzen, bis die Spaghetti mit der Sauce überzogen sind und die Muscheln heiß sind. In eine vorgewärmte Schüssel füllen und sofort servieren.

Süßkartoffel-Ravioli mit Salbeibutter

FÜR 4 PERSONEN

PASTA

400 g italienisches Mehl Type 00 oder Weizenmehl Type 405

4 Eier, verquirlt

feiner Hartweizengrieß, zum Bestäuben

Salz

FÜLLUNG

500 g Süßkartoffeln, in Stücken

3 EL Olivenöl

1 große Zwiebel, fein gehackt

1 Knoblauchzehe, zerdrückt

1 TL frisch gehackter Thymian

2 EL Honig

Salz und Pfeffer

SALBEIBUTTER

50 g Butter

1 Bund frisch gehackte Salbeiblätter, plus einige mehr zum Garnieren

1. Für den Pastateig das Mehl in eine große Rührschüssel oder eine Küchenmaschine sieben. Die Eier hinzufügen und alles zu einem weichen, aber nicht klebrigen Teig verarbeiten. Den Teig auf eine mit Grieß bestreute Arbeitsfläche geben und mit den Händen 4–5 Minuten zu einem glatten Teig verkneten. In Frischhaltefolie einschlagen und mindestens 30 Minuten in den Kühlschrank legen.

2. Für die Füllung die Süßkartoffeln 20 Minuten in einem Topf mit kochendem Wasser garen, abgießen und zerdrücken. Das Öl in einer Pfanne bei mittlerer Hitze erwärmen und die Zwiebel darin unter Rühren 4–5 Minuten glasig dünsten. Die Zwiebel unter die Süßkartoffeln mischen, dann Knoblauch und Thymian hinzufügen. Mit dem Honig beträufeln und mit Salz und Pfeffer abschmecken. Beiseitestellen.

3. Die Pasta in einer Nudelmaschine oder mit einem Nudelholz 1 mm dünn ausrollen. Längs halbieren. Die Füllung teelöffelweise gleichmäßig mit etwas Abstand auf einer Teighälfte verteilen. Diese rund um die Füllung mit etwas Wasser bestreichen und mit der zweiten Teighälfte abdecken. Den Teig um die Füllung herum leicht andrücken und mit einem scharfen Messer oder einem Teigrädchen in Quadrate schneiden. Ein Stück Backpapier leicht mit Grieß bestäuben und die Ravioli darauflegen.

4. Leicht gesalzenes Wasser in einem großen Topf zum Kochen bringen. Die Ravioli hineingeben, erneut aufkochen und 2–3 Minuten kochen, bis die Ravioli an die Oberfläche steigen.

5. Inzwischen für die Salbeibutter die Butter in einem kleinen Topf bei geringer Hitze zerlassen und den Salbei unterrühren.

6. Die Ravioli abgießen und in der Salbeibutter wenden. Sofort mit Salbeiblättern garniert servieren.

Lasagne

FÜR 4 PERSONEN

2 EL Olivenöl
50 g Pancetta oder Speck, gewürfelt
1 Zwiebel, gehackt
1 Knoblauchzehe, fein gehackt
250 g Rinderhackfleisch
2 Selleriestangen, gehackt
2 Karotten, gehackt
Salz und Pfeffer
1 Prise Zucker
½ TL getrockneter Oregano
400 g gehackte Tomaten aus der Dose
250 g Lasagne-Blätter
100 g frisch geriebener Parmesan

KÄSESAUCE
30 g Butter
30 g Mehl
300 ml warme Milch
150 g geriebener Gouda
2 TL Dijonsenf
Salz und Pfeffer

1. Den Backofen auf 190 °C vorheizen. Das Olivenöl in einem großen Topf erhitzen. Den Pancetta hineingeben und bei mittlerer Hitze unter gelegentlichem Rühren 3 Minuten auslassen. Zwiebel und Knoblauch zugeben und weitere 5 Minuten weich dünsten.

2. Das Fleisch zugeben, mit einem Holzlöffel zerteilen und rundum goldbraun anbraten. Sellerie und Karotten unterrühren und 5 Minuten garen. Mit Salz und Pfeffer abschmecken. Zucker, Oregano und Tomaten samt Flüssigkeit aus der Dose zugeben. Aufkochen, die Hitze reduzieren und 30 Minuten köcheln lassen.

3. Inzwischen für die Käsesauce die Butter in einem Topf zerlassen. Das Mehl hineingeben und bei geringer Hitze unter ständigem Rühren 2 Minuten anschwitzen. Vom Herd nehmen und nach und nach die Milch unterrühren. Wieder auf den Herd stellen und unter Rühren zum Kochen bringen. Unter ständigem Rühren weiterkochen, bis die Sauce andickt. Den Käse zugeben und unter Rühren schmelzen, dann den Senf einrühren. Mit Salz und Pfeffer abschmecken.

4. In eine große, rechteckige Auflaufform schichtweise Fleischsauce, Lasagne-Blätter und Parmesan geben. Mit der Käsesauce übergießen, sodass die Oberfläcke völlig bedeckt ist, und mit Parmesan bestreuen. 30 Minuten im Ofen goldbraun backen. Sofort servieren.

Spinat-Cannelloni

FÜR 4 PERSONEN

Öl, zum Einfetten
600 g frischer Spinat
30 g Butter
1 kleine Zwiebel, fein gehackt
200 g Ricotta
½ TL frisch geriebene Muskatnuss
Salz und Pfeffer
12 Cannelloni-Hülsen
50 g frisch geriebener Parmesan

BÉCHAMELSAUCE
600 ml Milch
1 Lorbeerblatt
6 schwarze Pfefferkörner
1 Zwiebelscheibe
1 Muskatblüte
60 g Butter
60 g Mehl
Salz und Pfeffer

1. Den Backofen auf 200 °C vorheizen. Eine große rechteckige Auflaufform einfetten.

2. Für die Béchamelsauce Milch, Lorbeerblatt, Pfefferkörner, Zwiebel und Muskatblüte in einen Topf geben. Fast zum Kochen bringen, vom Herd nehmen und 10 Minuten ziehen lassen. Die Milch in ein Gefäß abseihen und die Gewürze wegwerfen. Die Butter in einem zweiten Topf zerlassen. Das Mehl hineingeben und bei geringer Hitze unter ständigem Rühren 2 Minuten anschwitzen. Vom Herd nehmen und die Milch nach und nach unterrühren. Wieder auf den Herd stellen und unter ständigem Rühren zum Kochen bringen. Unter Rühren weiterköcheln, bis die Sauce andickt. Mit Salz und Pfeffer abschmecken.

3. Den Spinat von holzigen Stielen befreien, die Blätter in einem Durchschlag unter fließend kaltem Wasser abspülen und abtropfen lassen.

4. Die Butter in einem großen Topf bei mittlerer Hitze zerlassen und die Zwiebel darin 4–5 Minuten glasig dünsten. Den feuchten Spinat unterrühren und abgedeckt 3–4 Minuten köcheln lassen, bis er zusammengefallen ist.

5. Die Spinat-Zwiebel-Mischung in einem Sieb abtropfen lassen, dann so viel Flüssigkeit wie möglich ausdrücken. Den Spinat hacken und mit Ricotta, Muskat sowie Salz und Pfeffer nach Geschmack in eine Schüssel füllen und gut vermengen.

6. Die Mischung in einen Spritzbeutel mit großer, glatter Tülle geben und die Cannelloni-Hülsen damit füllen. Die gefüllten Cannelloni in die vorbereitete Form legen, mit Béchamelsauce übergießen und mit Parmesan bestreuen. 25–30 Minuten im Ofen backen. Sofort servieren.

Gnocchi mit Walnusspesto

FÜR 4 PERSONEN

450 g mehlige Kartoffeln, mit Schale
Salz und Pfeffer
50 g frisch geriebener Parmesan
1 Ei, verquirlt
200 g Mehl, plus etwas mehr zum Bestäuben

WALNUSSPESTO
50 g frische glatte Petersilie
2 EL Kapern, abgespült
2 Knoblauchzehen
180 ml natives Olivenöl extra
80 g Walnusshälften
Salz und Pfeffer
50 g frisch geriebener Pecorino oder Parmesan

1. Die Kartoffeln in einem großen Topf mit Wasser 30–35 Minuten weich kochen. Gut abtropfen und kurz abkühlen lassen.

2. Inzwischen für den Pesto Petersilie, Kapern und Knoblauch fein hacken und mit Öl, Walnüssen sowie nach Geschmack Salz und Pfeffer in einem Mörser zu einer groben Paste verarbeiten. Pecorino zugeben und alles gut unterrühren.

3. Die Kartoffeln pellen und durch ein Sieb in eine große Schüssel streichen. Alternativ in der Küchenmaschine zu Püree verarbeiten. Den noch heißen Kartoffelbrei kräftig salzen und pfeffern und den Parmesan zugeben. Das Ei unterheben und das Mehl darübersieben. Alles vermengen und auf einer leicht bemehlten Arbeitsfläche zu einem glatten Teig verkneten. Wenn der Teig klebt, mehr Mehl zugeben.

4. Den Teig auf einer bemehlten Arbeitsfläche mit den Händen zu einer langen Rolle formen. In 2,5-cm-Stücke schneiden und mit einer Gabel leicht von oben eindrücken, sodass die traditionell geriffelte Oberfläche entsteht.

5. Die fertigen Gnocchi auf einen großen Bogen Backpapier legen und während der Zubereitung der restlichen Gnocchi mit einem sauberen Küchentuch abdecken.

6. Wasser in einem großen Topf zum Kochen bringen, die Gnocchi portionsweise zugeben und 1–2 Minuten garen. Mit einem Schaumlöffel herausheben und in einer vorgewärmten Schüssel warm halten, bis alle Gnocchi gar sind.

7. Die Gnocchi mit jeweils 1 Esslöffel Pesto auf 4 vorgewärmten Tellern servieren.

Spinat-Ricotta-Gnocchi

FÜR 4–6 PERSONEN

1 EL Olivenöl
500 g frischer Spinat
250 g Ricotta
120 g frisch geriebener Parmesan oder Pecorino
2 Eier, leicht verquirlt
60 g Mehl, plus etwas mehr zum Bestäuben
Salz und Pfeffer
frisch geriebene Muskatnuss

SAUCE
2 EL Olivenöl
2 Schalotten, fein gehackt
1 Karotte, fein gewürfelt
2 Knoblauchzehen, zerdrückt
800 g gehackte Tomaten aus der Dose
1 EL Tomatenmark
Salz und Pfeffer
6 frische Basilikumblätter, grob zerzupft, plus etwas mehr zum Garnieren

1. Das Öl in einem großen Topf erwärmen. Den Spinat darin abgedeckt 1–2 Minuten erhitzen, bis er zusammenfällt. In ein Sieb abgießen, abkühlen lassen und so viel Flüssigkeit wie möglich ausdrücken.

2. Den Spinat fein hacken und mit dem Ricotta, der Hälfte des Parmesans, Eiern und Mehl in eine Schüssel geben und gut mischen. Mit Salz und Pfeffer abschmecken und großzügig mit Muskat würzen. Abgedeckt mindestens 1 Stunde in den Kühlschrank stellen.

3. Inzwischen für die Sauce das Öl in einer Pfanne erwärmen und Schalotten, Karotte und Knoblauch darin bei mittlerer Hitze unter häufigem Rühren 3–4 Minuten weich dünsten. Tomaten und Tomatenmark hinzufügen, alles zum Kochen bringen, die Hitze reduzieren und ohne Deckel 10–15 Minuten köcheln lassen, bis die Sauce andickt. Mit Salz und Pfeffer abschmecken und das Basilikum zugeben. Nach Belieben die Sauce durch ein Sieb passieren oder in einer Küchenmaschine oder mit einem Pürierstab fein pürieren.

4. Für die Gnocchi die Hände gut mit Mehl bestäuben. Jeweils 1 Teelöffel der Spinat-Ricotta-Mischung auf eine Handfläche geben, zu einem eiförmigen Bällchen rollen und auf einen Bogen Backpapier legen. Ebenso mit der restlichen Mischung verfahren.

5. Leicht gesalzenes Wasser in einem großen Topf zum Kochen bringen. Die Gnocchi behutsam und in mehreren Portionen hineingeben, erneut aufkochen und in 2–3 Minuten kochen, bis sie an die Oberfläche steigen. Mit einem Schaumlöffel herausheben und zum Warmhalten in eine vorgewärmte Schüssel füllen. Inzwischen die verbliebenen Gnocchi garen.

6. Die Gnocchi auf Teller verteilen und mit Sauce übergießen. Mit dem restlichen Parmesan bestreuen, mit Basilikum garnieren und sofort servieren.

Gratinierte Polentataler mit Thymian

FÜR 4 PERSONEN

600 ml Wasser
600 ml Milch
1 TL Meersalz
Salz und Pfeffer
½ TL frisch geriebene Muskatnuss
300 g feine Polenta
30 g frisch geriebener Parmesan
150 g Gruyère, gewürfelt
50 g Butter, plus etwas mehr zum Einfetten
1 EL frische Thymianblätter
Salatblätter, zum Servieren

1. Wasser und Milch in einem großen Topf zum Kochen bringen. Nach Geschmack Salz, Pfeffer und Muskat hinzufügen und die Polenta unter Rühren einrieseln lassen. Auf mittlerer Hitze unter ständigem Rühren weitere 25–30 Minuten köcheln lassen, bis die Polenta angedickt ist und sich vom Topfrand löst.

2. Vom Herd nehmen, Parmesan, die Hälfte des Gruyère und die Butter unterrühren, bis alles gut vermengt ist.

3. Die Polenta auf einem beschichteten Backblech etwa 1 cm dick verstreichen und komplett auskühlen lassen.

4. Den Backofen auf 200 °C vorheizen. Eine flache Auflaufform einfetten.

5. Mit einem Plätzchenausstecher Kreise von 5 cm Ø aus der Polenta ausstechen und sich überlappend in die Auflaufform schichten. Die verbliebene Butter würfeln und über die Polentakreise geben, dann mit dem restlichen Gruyère und den Thymianblättern bestreuen.

6. Etwa 15 Minuten im Ofen backen, bis die Taler goldgelb und knusprig sind. Auf Salatblättern servieren.

Risotto Primavera

FÜR 4 PERSONEN

1,5 l Hühner- oder Gemüsebrühe

250 g dünne grüne Spargelstangen

4 EL Olivenöl

180 g junge grüne Bohnen, in 2,5 cm langen Stücken

180 g junge Zucchini, längs geviertelt und in 2,5 cm langen Stücken

250 g frische Erbsen, gepalt

1 Zwiebel, fein gehackt

1–2 Knoblauchzehen, fein gehackt

350 g Risottoreis

4 Frühlingszwiebeln, in 2,5 cm langen Stücken

Salz und Pfeffer

80 g Butter

120 g frisch geriebener Parmesan

2 EL feine Schnittlauchröllchen

2 EL frisch gehacktes Basilikum

1. Die Brühe in einem Topf zum Kochen bringen und bei reduzierter Hitze während der Zubereitung des Risottos warm halten.

2. Das holzige untere Ende der Spargelstangen abschneiden. Den Spargel in 2,5 cm lange Stücke schneiden und beiseitestellen.

3. 2 Esslöffel Öl in einer großen Pfanne erhitzen. Spargel, Bohnen, Zucchini und Erbsen darin 8 Minuten pfannenrühren, bis sie eine leuchtend grüne Farbe angenommen haben und beginnen, weich zu werden. Beiseitestellen.

4. Das restliche Öl in einem großen Topf bei mittlerer Hitze erwärmen. Die Zwiebeln darin 3 Minuten unter gelegentlichem Rühren dünsten, bis sie beginnen, weich zu werden. Den Knoblauch hinzufügen und 30 Sekunden unter Rühren mitdünsten.

5. Die Hitze reduzieren, den Reis zugeben und gut im Öl wenden. 2–3 Minuten unter ständigem Rühren andünsten, bis die Reiskörner glasig werden.

6. Die heiße Brühe nun nach und nach unter ständigem Rühren zugießen. Dabei erst weitere Brühe zugeben, sobald der Reis die Flüssigkeit komplett aufgesogen hat. Nach etwa 15 Minuten Garzeit das gebratene Gemüse und die Frühlingszwiebeln zugeben. Nach etwa 20 Minuten Garzeit sollte der Risotto eine cremige Konstistenz angenommen haben.

7. Mit Salz und Pfeffer abschmecken und den Topf vom Herd nehmen. Butter, Parmesan, Schnittlauch und Basilikum unterrühren. Den Risotto auf vorgewärmte Teller verteilen und sofort servieren.

Wildpilzrisotto

FÜR 4 PERSONEN

50 g getrocknete Wildpilze
250 ml warmes Wasser
90 ml Olivenöl
300 g gemischte Wildpilze oder braune Champignons, in dicken Scheiben
2 Knoblauchzehen, fein gehackt
1 EL frisch gehackter Thymian
Salz und Pfeffer
1 Zwiebel, fein gehackt
350 g Risottoreis
150 ml trockener Weißwein
700 ml Hühnerbrühe
50 g Butter
120 g frisch geriebener Parmesan
2 EL frisch gehackte glatte Petersilie, zum Garnieren

1. Die getrockneten Pilze in einer kleinen Schale mit warmem Wasser 10–15 Minuten einweichen. Abgießen und die Einweichflüssigkeit auffangen (die Flüssigkeit noch einmal durchsieben). Die Pilze in feine Scheiben schneiden.

2. 3 Esslöffel Öl in einer großen Pfanne erhitzen, die frischen Pilze zugeben und auf mittlerer Stufe unter gelegentlichem Rühren 10–15 Minuten garen. Pilzscheiben und Knoblauch zugeben und 2–3 Minuten weiterrühren.

3. Thymian, Salz und Pfeffer zufügen und die Pilzmischung aus der Pfanne nehmen und warm stellen.

4. Das verbliebene Öl in der Pfanne erhitzen und die Zwiebel darin auf niedriger Stufe unter gelegentlichem Rühren 10–12 Minuten weich dünsten. Den Reis zugeben und unter Rühren 2–3 Minuten andünsten, bis er glasig wird. Mit dem Wein ablöschen und 1 Minute rühren, bis er eingekocht ist.

5. Die heiße Brühe nun nach und nach unter Rühren zufügen. Dabei erst weitere Brühe zugeben, wenn der Reis die Flüssigkeit komplett aufgesogen hat. Nach etwa 20 Minuten Garzeit sollte der Risotto eine cremige Konsistenz angenommen haben. Mit Salz und Pfeffer abschmecken.

6. Den Topf vom Herd nehmen und vorsichtig die Pilzmischung, Butter und die Hälfte des Parmesans unterheben.

7. Auf vorgewärmten Tellern mit Petersilie und dem verbliebenen Parmesan garnieren und sofort servieren.

Risotto mit Gorgonzola und Salbei

FÜR 4 PERSONEN

1 l heiße Hühner- oder Gemüsebrühe
50 g Butter
150 g Pancetta oder Speck, gewürfelt
1 kleine Zwiebel, gehackt
2 Knoblauchzehen, zerdrückt
250 g Risottoreis
120 ml Weißwein oder Wermut
200 g Gorgonzola, zerbröckelt
2 EL frisch gehackter Salbei, plus ein paar Blätter mehr zum Garnieren
Salz und Pfeffer
2 EL fein geriebener Parmesan

1. Die Brühe in einem Topf zum Kochen bringen und bei reduzierter Hitze während der Zubereitung des Risottos warm halten.

2. Die Hälfte der Butter in einem großen Topf erhitzen und den Pancetta darin unter häufigem Rühren goldbraun anbraten. Zwiebel und Knoblauch hinzufügen und unter Rühren 5 Minuten weich dünsten.

3. Den Reis zugeben und gut in der Pancetta-Mischung wenden. Mit dem Wein ablöschen und 1 Minute weiterrühren, bis er eingekocht ist.

4. Die heiße Brühe nun nach und nach unter ständigem Rühren zufügen. Dabei erst weitere Brühe zugeben, wenn der Reis die Flüssigkeit komplett aufgesogen hat. Nach etwa 20 Minuten Garzeit sollte der Risotto eine cremige Konsistenz angenommen haben.

5. Den Topf vom Herd nehmen, den Gorgonzola und den gehackten Salbei hinzufügen und rühren, bis der Käse geschmolzen ist. Mit Salz und Pfeffer abschmecken und die verbliebene Butter und den Parmesan zugeben. Sofort mit Salbeiblättern garniert servieren.

Safranrisotto mit Hühnchen

FÜR 6–8 PERSONEN

1,3 l Hühnerbrühe
120 g Butter
900 g Hähnchenbrustfilet, in dünnen Scheiben
1 große Zwiebel, gehackt
500 g Risottoreis
150 ml Weißwein
1 TL Safranfäden
Salz und Pfeffer
60 g frisch geriebener Parmesan

1. Die Brühe in einem Topf zum Kochen bringen und bei reduzierter Hitze während der Zubereitung des Risottos warm halten.

2. Inzwischen die Hälfte der Butter in einem großen Topf erhitzen. Hühnerfleisch und Zwiebeln darin unter häufigem Rühren 8 Minuten goldbraun braten.

3. Den Reis zugeben und gut in der Butter wenden. 2–3 Minuten unter ständigem Rühren andünsten, bis die Reiskörner glasig werden. Mit dem Wein ablöschen und 1 Minute rühren, bis er eingekocht ist.

4. Den Safran in einer Schale mit 4 Esslöffeln der heißen Brühe mischen. Zum Reis geben und rühren, bis der Reis die Flüssigkeit aufgenommen hat.

5. Die restliche Brühe nun nach und nach unter Rühren zufügen. Dabei erst weitere Brühe zugeben, wenn der Reis die Flüssigkeit komplett aufgesogen hat. Nach etwa 20 Minuten Garzeit sollte der Risotto eine cremige Konsistenz angenommen haben. Mit Salz und Pfeffer abschmecken und den Topf vom Herd nehmen.

6. Die verbliebene Butter unterziehen, gut umrühren und den Parmesan unterrühren, bis er geschmolzen ist. Den Risotto auf vorgewärmte Teller verteilen und sofort servieren.

Venezianischer Meeresfrüchterisotto

FÜR 4 PERSONEN

250 g rohe Riesengarnelen
250 g frische Miesmuscheln, abgebürstet und Bärte entfernt
250 g frische Venusmuscheln, abgebürstet
2 Knoblauchzehen, halbiert
1 Zitrone, in Scheiben
600 ml Wasser
120 g Butter
1 EL Olivenöl
1 Zwiebel, fein gehackt
2 EL frisch gehackte glatte Petersilie
350 g Risottoreis
120 ml trockener Weißwein
250 g küchenfertige Kalmarmäntel, in kleinen Stücken oder Ringen
4 EL Marsala
Salz und Pfeffer

1. Die Garnelen auslösen, Kopf und Schale beiseitelegen. Die Garnelen am Rücken längs einschneiden und die Darmfäden entfernen. Garnelenköpfe und -schalen in ein Stück Mousselin einwickeln und mit einem Nudelholz zerstoßen, dabei jegliche Flüssigkeit auffangen. Beschädigte Muscheln sowie Exemplare, die sich geöffnet haben und beim Antippen nicht mehr schließen, wegwerfen.

2. Knoblauch, Zitrone, Mies- und Venusmuscheln in einen Topf füllen und die Garnelenschalen samt Flüssigkeit hinzufügen. Das Wasser zugießen, den Topf abdecken und alles zum Kochen bringen. 5 Minuten garen, bis sich die Muscheln geöffnet haben. Dabei mehrmals am Topf rütteln. Noch geschlossene Muscheln wegwerfen. Die Muscheln aus den Schalen lösen und beiseitestellen. Den Garsud abseihen und mit Wasser auffüllen, bis 1,2 l erreicht sind. In einen Topf geben, zum Kochen bringen und bei reduzierter Hitze während der Zubereitung des Risottos warm halten.

3. 20 g Butter mit dem Olivenöl in einem großen Topf zerlassen. Die Zwiebeln und die Hälfte der Petersilie darin bei mittlerer Hitze 5 Minuten unter Rühren weich dünsten. Die Hitze reduzieren und den Reis zugeben. 2–3 Minuten unter Rühren andünsten, bis die Reiskörner glasig sind.

4. Mit dem Wein ablöschen und 1 Minute rühren, bis er eingekocht ist. Die heiße Brühe nun nach und nach unter Rühren zufügen. Dabei erst weitere Brühe zugeben, wenn der Reis die Flüssigkeit komplett aufgesogen hat. Nach etwa 20 Minuten Garzeit sollte der Risotto eine cremige Konsistenz angenommen haben.

5. Etwa 5 Minuten vor Ende der Garzeit 50 g der verbliebenen Butter in einem Topf zerlassen. Die Kalmarstücke darin unter Rühren 3 Minuten andünsten. Die Garnelen zufügen und weitere 2–3 Minuten dünsten, bis der Kalmar ganz weiß und die Garnelen rosa sind. Den Marsala zugießen, aufkochen und weiterköcheln lassen, bis die Flüssigkeit verdunstet ist. Kalmar, Garnelen und Muscheln unter den Reis rühren, die restliche Butter und die Petersilie zugeben und mit Salz und Pfeffer abschmecken. Alles kurz erhitzen und sofort servieren.

Der zweite Gang

Saltimbocca

FÜR 4 PERSONEN

8 kleine, dünne Kalbsschnitzel à 100 g
8 Scheiben Parmaschinken
16 frische Salbeiblätter
4 EL Mehl
50 g Butter
Salz und Pfeffer
200 ml trockener Weißwein

1. Die Kalbsschnitzel zwischen zwei Lagen Frischhaltefolie legen und mit einem Fleischklopfer oder einem Nudelholz gleichmäßig plätten. Eine Scheibe Parmaschinken und 2 Salbeiblätter auf jedes Schnitzel geben, zur Hälfte überklappen und mit einem Zahnstocher fixieren. Das Mehl auf einem Teller verteilen, die Schnitzel darin wenden und überschüssiges Mehl abschütteln.

2. Die Butter in einer großen Pfanne zerlassen und die Schnitzel darin bei hoher Hitze 2 Minuten auf jeder Seite braten. Nach Geschmack mit Salz und Pfeffer würzen und mit 2–3 Esslöffeln Wein besprenkeln. Sobald der Wein verdunstet ist, das Fleisch aus der Pfanne nehmen und auf einen vorgewärmten Teller geben.

3. Den verbliebenen Wein in die Pfanne gießen und 1–2 Minuten köcheln, dabei den Bratensatz vom Boden lösen. Den Sud durch ein feinmaschiges Sieb über die Schnitzel gießen. Sofort servieren.

Ossobuco mit Zitrusschalen

FÜR 4 PERSONEN

1–2 EL Mehl
Salz und Pfeffer
4-6 Scheiben aus der Kalbshachse
1 kg frische Tomaten, gehäutet, entkernt und in Würfeln, oder 500 g gewürfelte Tomaten aus der Dose
1–2 EL Olivenöl
2 Zwiebeln, sehr fein gehackt
2 Karotten, in dünnen Scheiben
250 ml trockener Weißwein
250 ml Rinderfond
6 frische große Basilikumblätter, zerzupft
1 große Knoblauchzehe, sehr fein gehackt
abgeriebene Schale von 1 großen unbehandelten Zitrone
abgeriebene Schale von 1 unbehandelten Orange

ZUM SERVIEREN
2 EL frisch gehackte glatte Petersilie
frisches Brot

1. Das Mehl in einen Gefrierbeutel geben und mit Salz und Pfeffer mischen. Die Beinscheiben einzeln hineingeben, den Beutel verschließen und schütteln, bis das Fleisch überall mit Mehl bedeckt ist. Herausnehmen und überschüssiges Mehl abklopfen.

2. Falls Dosentomaten verwendet werden, diese in ein Sieb gießen und abtropfen lassen.

3. In einem Topf 1 Esslöffel Öl erhitzen. Die Beinscheiben zufügen und von jeder Seite 10 Minuten goldbraun anbraten. Aus dem Topf nehmen und beiseitestellen.

4. Falls nötig, erneut 1–2 Teelöffel Öl in den Topf geben. Zwiebeln zufügen und unter Rühren 5 Minuten schmoren. Die Karotten einrühren und weich dünsten.

5. Tomaten, Wein, Rinderfond, Basilikum und Beinscheiben in den Topf geben. Zum Kochen bringen, die Hitze reduzieren und 1 Stunde zugedeckt köcheln lassen. Mit der Messerspitze testen, ob das Fleisch zart ist. Gegebenenfalls weitere 10 Minuten köcheln und erneut testen.

6. Wenn das Fleisch zart ist, mit Knoblauch, Zitronen- und Orangenschale bestreuen und weitere 10 Minuten kochen.

7. Mit Salz und Pfeffer abschmecken, mit der Petersilie bestreuen und mit Brot servieren.

Vitello Tonnato

FÜR 4 PERSONEN

750 g Kalbslende
2 Karotten, in dünnen Scheiben
1 Zwiebel, in dünnen Ringen
2 Selleriestangen, in dünnen Scheiben
2 Gewürznelken
2 Lorbeerblätter
1 l trockener Weißwein
Salz und Pfeffer
150 g Thunfisch in Öl, abgetropft
4 eingelegte Sardellenfilets, abgetropft und fein gehackt
60 g Kapern, abgespült und fein gehackt
60 g Gewürzgurken, abgetropft und fein gehackt
2 Eigelb
4 EL Zitronensaft
120 ml natives Olivenöl extra

ZUM GARNIEREN

Zitronenspalten
frische gehackte glatte Petersilie

1. Das Fleisch in eine große Schale legen und Karotten, Zwiebel, Sellerie, Nelken und Lorbeerblätter zugeben. Den Wein zugießen und das Fleisch gründlich darin wenden. Mit Frischhaltefolie abdecken und im Kühlschrank über Nacht marinieren.

2. Das Fleisch aus der Marinade nehmen, die Marinade aufbewahren. Das Fleisch in einem Stück Mousselin aufrollen und zusammenbinden, damit es die Form behält. In einen großen Topf legen. Die Marinade in einen anderen Topf gießen und aufkochen. Über das Fleisch gießen und kochendes Wasser zugießen, bis das Fleisch bedeckt ist. Aufkochen lassen und mit Salz und Pfeffer würzen. Die Hitze reduzieren und 1½ Stunden köcheln, bis das Fleisch zart, aber noch fest ist.

3. Das Fleisch aus dem Garsud heben und auf einen Teller legen. Abkühlen lassen und bis zum Servieren kalt stellen.

4. Thunfisch, Sardellen, Kapern und Gurken in einem Mixer oder einer Küchenmaschine glatt pürieren. Eigelb und Zitronensaft in einer Schüssel verrühren. Das Olivenöl erst tropfenweise, dann in einem dünnen Strahl zugießen und weiterrühren. Wenn das gesamte Öl eingerührt ist, die Thunfischmischung unterrühren und etwa 2 Esslöffel des kalten Garsuds zugeben. Mit Salz und Pfeffer abschmecken. Mit Frischhaltefolie abdecken und bis zum Verzehr in den Kühlschrank stellen.

5. Zum Servieren das Fleisch auspacken und mit Küchenpapier trocken tupfen. Mit einem scharfen Messer in 3–10 mm dünne Scheiben schneiden und diese nebeneinander auf einem Teller anrichten. Die Thunfischsauce durchrühren und über das Fleisch löffeln. Mit Zitronenspalten und Petersilie garniert servieren.

Rindfleisch-Rotwein-Schmortopf

FÜR 6 PERSONEN

3 EL Olivenöl
2 Zwiebeln, in dünnen Ringen
2 Knoblauchzehen, gehackt
1 kg Steakfleisch oder Roastbeef, in dicken Streifen
2 EL Mehl
Salz und Pfeffer
300 ml Rotwein, z. B. Chianti
2 frische Salbeistängel
200 ml Rinderfond oder Gemüsebrühe
1 EL Tomatenmark
1 EL frisch gehackte glatte Petersilie, zum Garnieren

1. Den Backofen auf 150 °C vorheizen. 1 Esslöffel Öl in einer großen Pfanne erhitzen, Zwiebeln und Knoblauch darin auf mittlerer Stufe unter häufigem Rühren 6–8 Minuten anbräunen. Mit einem Schaumlöffel herausheben und in eine Auflaufform geben.

2. Das verbliebene Öl in die Pfanne geben, die Fleischstreifen zugeben und auf höchster Stufe unter Rühren 3–4 Minuten goldbraun anbraten. Das Mehl einstreuen und gut umrühren, damit es nicht klumpt. Salzen und pfeffern, auf mittlere Stufe herunterschalten, den Wein zugießen und unter ständigem Rühren zum Kochen bringen.

3. Den Pfanneninhalt vorsichtig in die Auflaufform füllen. Salbei, Rinderfond und Tomatenmark hineingeben und abgedeckt im Ofen auf mittlerer Schiene 2½–3 Stunden garen.

4. Aus dem Ofen nehmen, Salbei entfernen und erneut mit Salz und Pfeffer abschmecken. Mit der Petersilie bestreuen und servieren.

Toskanischer Schweinebraten

FÜR 6 PERSONEN

2 kg Schweinerücken am Stück, ausgelöst, Schwarte rautenförmig eingeschnitten

Salz und Pfeffer

3 Knoblauchzehen, zerdrückt

2 EL frisch gehackter Rosmarin

4 frische Rosmarinzweige, plus einige mehr zum Garnieren

250 ml trockener Weißwein

1. Den Backofen auf 220 °C vorheizen. Die Schweinelende mit der Schwarte nach unten auf eine Arbeitsfläche legen. Das Fleisch über die ganze Oberfläche verteilt mit kleinen Schnitten versehen. Kräftig mit Salz und Pfeffer würzen. Das Fleisch mit Knoblauch einreiben und mit gehacktem Rosmarin bestreuen.

2. Den Braten mit Küchengarn umwickeln und 4 Rosmarinzweige außen befestigen. Die Schwarte mit reichlich Salz bestreuen.

3. Den Braten in einen Bräter geben und im Ofen 20 Minuten backen, bis das Fett aus der Schwarte zu laufen beginnt. Den Backofen auf 180 °C herunterschalten und den Braten mit der Hälfte des Weins übergießen. 1 Stunde 40 Minuten weitergaren, dabei gelegentlich mit dem Fleischsaft aus dem Bräter übergießen.

4. Den Braten aus dem Ofen nehmen und vor dem Aufschneiden an einem warmen Ort 15 Minuten ruhen lassen. Das Küchengarn und die Rosmarinzweige entfernen und das Fleisch in dicke Scheiben schneiden. Das Fett bis auf 1 Esslöffel aus dem Bräter abgießen. Den restlichen Wein in den Bräter geben und zum Kochen bringen, dabei den Bratensatz vom Boden lösen. Alles über den Braten geben, mit den restlichen Rosmarinzweigen garnieren und servieren.

Würstchen mit Borlottibohnen

FÜR 4 PERSONEN

2 EL Olivenöl

500 g Luganega oder eine andere italienische Wurst

150 g Pancetta oder Speck, gewürfelt

2 rote Zwiebeln, gehackt

2 Knoblauchzehen, fein gehackt

220 g getrocknete Borlottibohnen, über Nacht in kaltem Wasser eingeweicht

2 TL frisch gehackter Rosmarin

2 TL frisch gehackter Salbei

300 ml trockener Weißwein

Salz und Pfeffer

frische Rosmarinzweige, zum Garnieren

frisches Brot, zum Servieren

1. Das Öl in einem Schmortopf erhitzen. Die Würste zugeben und bei schwacher Hitze 10 Minuten rundum anbräunen. Aus dem Topf nehmen und beiseitestellen.

2. Den Pancetta in den Schmortopf geben und bei mittlerer Hitze unter häufigem Rühren 10 Minuten goldbraun braten. Mit einem Schaumlöffel herausheben und beiseitestellen.

3. Die Zwiebeln zugeben und bei schwacher Hitze unter Rühren 5 Minuten weich dünsten. Den Knoblauch zufügen und weitere 2 Minuten dünsten.

4. Den Backofen auf 150 °C vorheizen. Die Bohnen abtropfen lassen, die Flüssigkeit aufbewahren. Die Bohnen mit Würsten und Pancetta in den Schmortopf geben. Die Kräuter unterrühren und den Wein zugießen.

5. 300 ml der Einweichflüssigkeit zugießen. Mit Salz und Pfeffer abschmecken. Bei schwacher Hitze aufkochen und 15 Minuten köcheln lassen. In den Ofen geben und 2½–3 Stunden garen.

6. Den Schmortopf aus dem Ofen nehmen, Würste und Bohnen auf 4 vorgewärmte Teller verteilen. Mit Rosmarin garnieren und sofort mit Brot servieren.

Gegrillte Lammkeule

FÜR 6–8 PERSONEN

1 Lammkeule (etwa 2,5 kg)
4 Knoblauchzehen, zerdrückt
2 EL frisch gehackter Rosmarin
abgeriebene Schale und Saft von 2 unbehandelten Zitronen
3 EL Olivenöl
Salz und Pfeffer
grüner Salat, zum Servieren

1. Überschüssiges Fett vom Lammfleisch entfernen und das Fleisch über die ganze Oberfläche verteilt mit kleinen Schnitten versehen. In eine Schüssel legen und gründlich mit Knoblauch Rosmarin und Zitronenschale einreiben. Mit Öl und Zitronensaft übergießen und kräftig mit Salz und Pfeffer würzen.

2. Abgedeckt für mindestens 4 Stunden, besser über Nacht, im Kühlschrank oder an einem kühlen Ort marinieren. Das Fleisch einige Male in der Marinade wenden.

3. Den Backofen- oder den Holzkohlegrill gründlich vorheizen. Das Fleisch aus der Marinade nehmen und mit Küchenpapier trocken tupfen. Erneut salzen und pfeffern und auf die oberste Schiene im Backofen oder auf den Grill legen. Von beiden Seiten je 2 Minuten versiegeln.

4. Auf mittlere Stufe herunterschalten oder den Grillrost auf dem Holzkohlegrill höher legen und etwa weitere 8 Minuten von jeder Seite bis zum gewünschten Gargrad grillen.

5. Das Fleisch aus dem Backofen oder vom Grill nehmen, mit Alufolie abdecken und 15 Minuten ruhen lassen, dann längs in Scheiben schneiden. Mit grünem Salat servieren.

Hähnchen alla Cacciatore

FÜR 4 PERSONEN

1 Hähnchen (etwa 1,2 kg)
Salz und Pfeffer
2 EL Olivenöl
50 g Pancetta oder Speck, gewürfelt
1 Zwiebel, fein gehackt
120 ml Weißwein
4 reife Tomaten
250 ml Hühnerbrühe
frisch gehackte glatte Petersilie, zum Garnieren

1. Das Hähnchen unter fließend kaltem Wasser abspülen, mit Küchenpapier trocken tupfen und in 8 Stücke teilen. Die Haut mit reichlich Salz und Pfeffer einreiben.

2. Das Öl in einem Schmortopf erhitzen. Pancetta und Zwiebeln darin 3–4 Minuten andünsten, bis die Zwiebeln glasig sind. Die Hähnchenstücke zugeben und rundum goldbraun anbraten. Mit dem Wein ablöschen, zum Kochen bringen und 5 Minuten köcheln lassen.

3. Inzwischen die Tomaten enthäuten, entkernen und das Tomatenfleisch würfeln. Mit der Brühe in den Topf geben und abgedeckt 30–40 Minuten köcheln lassen. Mit Salz und Pfeffer abschmecken, mit Petersilie bestreuen und servieren.

Gefüllte Hähnchenbrustfilets

FÜR 4 PERSONEN

4 Hähnchenbrustfilets à 150 g
Salz und Pfeffer
4 dünne Scheiben Parmaschinken
4 Scheiben Pecorino
4 gegarte Spargelspitzen, plus einige mehr zum Servieren
1 EL Mehl
50 g Butter
2 EL Olivenöl
150 ml trockener Weißwein
50 ml Hühnerbrühe

1. Jedes Hähnchenbrustfilet zwischen 2 Schichten Frischhaltefolie oder in einen Gefrierbeutel legen und mit einem Fleischklopfer plattieren, bis es knapp 1 Zentimeter dick ist.

2. Kräftig salzen, pfeffern und jedes Filet mit einer Scheibe Schinken, einer Scheibe Käse und einer Spargelspitze belegen. Die Hähnchenbrustfilets einrollen und mit Küchengarn umwickeln. Mit dem Mehl bestäuben und erneut kräftig salzen und pfeffern.

3. 30 g Butter mit dem Öl auf mittlerer Stufe in einer großen Pfanne zerlassen. Die Hähnchenrollen darin unter häufigem Wenden 15 Minuten garen, bis das Fleisch zart und leicht gebräunt ist. Herausnehmen, das Küchengarn entfernen und die Hähnchenrollen in einer vorgewärmten Schale warm stellen.

4. Wein und Hühnerbrühe in die Pfanne geben und alles zum Kochen bringen, dabei den Bratensatz vom Boden lösen. Die verbliebene Butter zugeben, gut verrühren und köcheln lassen, bis die Sauce andickt.

5. Die Sauce über die Hähnchenrollen geben und sofort mit den erwärmten zusätzlichen Spargelspitzen servieren.

Thunfisch mit Salsa Verde

FÜR 4 PERSONEN

4 frische Thunfischsteaks à 2 cm dick
Olivenöl, zum Bestreichen
Salz und Pfeffer
Zitronenspalten, zum Servieren

SALSA VERDE
50 g frische glatte Petersilie, Blätter und Stängel
4 Frühlingszwiebeln, gehackt
2 Knoblauchzehen, gehackt
3 eingelegte Sardellenfilets, abgetropft
30 g frische Basilikumblätter
½ EL Kapern, abgespült und abgetropft
2 frische Oreganozweige oder ½ TL getrockneter Oregano
120 ml natives Olivenöl extra, plus nach Bedarf etwas mehr
1–2 EL Zitronensaft

1. Für die Salsa Verde Petersilie, Frühlingszwiebeln, Knoblauch, Sardellenfilets, Basilikum, Kapern und Oregano in einer Küchenmaschine zerkleinern, dann langsam das Öl zugießen. Den Zitronensaft zufügen und nochmals mixen. Ist die Sauce zu dick, noch etwas Öl zugeben. Abdecken und kalt stellen.

2. Eine gusseiserne Grillpfanne ohne Öl stark erhitzen. Die Thunfischsteaks auf einer Seite mit Öl bestreichen, mit der eingefetteten Seite nach unten in die heiße Pfanne legen und 2 Minuten anbraten.

3. Die Oberseite der Steaks mit etwas Öl bestreichen und den Fisch mit einer Küchenzange wenden. Mit Salz und Pfeffer würzen. Je nach gewünschtem Gargrad noch 2 Minuten (medium) oder 4 Minuten (gut durch) weiterbraten.

4. Die Thunfischsteaks auf Tellern anrichten, etwas Salsa Verde darüberträufeln und mit Zitronenspalten servieren.

Forellenfilet mit Steinpilzen

FÜR 4 PERSONEN

8 frische Forellenfilets à 100 g
Salz und Pfeffer
1 EL frisch gehackter Estragon
500 ml Weißwein
500 g frische Steinpilze
100 g Butter
1 kleine Zwiebel, fein gehackt
1 EL frisch gehackter Thymian

1. Die Forellenfilets waschen, mit Küchenpapier trocken tupfen und gut mit Salz und Pfeffer einreiben. Mit dem Estragon in eine Schüssel geben und mit 125 ml Wein begießen. Abdecken und 30 Minuten marinieren.

2. Die Steinpilze mit feuchtem Küchenpapier abwischen und in 1 cm dicke Scheiben schneiden. 50 g Butter in einer Pfanne zerlassen und die Zwiebel darin 3–4 Minuten glasig dünsten. Die Pilze hineingeben und dünsten, bis das austretende Wasser verdunstet ist. Den verbliebenen Wein und den Thymian unterrühren, mit Salz und Pfeffer abschmecken und bei geringer Hitze 10 Minuten köcheln lassen.

3. Inzwischen die restliche Butter in einer großen Pfanne bei mittlerer bis hoher Hitze zerlassen. Die Forellenfilets aus der Marinade heben, die Marinade auffangen und den Fisch mit Küchenpapier trocken tupfen. Den Fisch in die Pfanne geben und je 3 Minuten auf jeder Seite braten. Die aufgefangene Marinade in die Pfanne gießen und zum Kochen bringen.

4. Die Fischfilets mit dem Garsud auf Teller verteilen und die Pilze darübergeben. Sofort servieren.

Seezunge mit Artischocken

FÜR 4 PERSONEN

8 kleine Artischocken
Saft von 1 Zitrone
125 ml Olivenöl
4 Knoblauchzehen, in dünnen Scheiben
250 ml trockener Weißwein
400 ml Fischfond
Salz und Pfeffer
3 EL Mehl
800 g Seezungenfilet
1 EL frisch gehackte glatte Petersilie, zum Garnieren

1. Die Artischocken unter fließend kaltem Wasser waschen. Die Stiele bis auf 4 cm kürzen, die harten äußeren Blätter entfernen und die Spitzen der verbliebenen Blätter abschneiden. Die Artischocken längs in Streifen schneiden und sofort in eine Schüssel mit Wasser und Zitronensaft tauchen. Bis zur Verwendung beiseitestellen, dann mit Küchenpapier trocken tupfen.

2. 6 Esslöffel Öl in einem großen Topf erhitzen und die Artischocken darin 5 Minuten kräftig anbraten. Den Knoblauch hinzufügen und goldbraun braten. Mit Wein und Fischfond ablöschen, nach Geschmack mit Salz und Pfeffer würzen und 20–25 Minuten köcheln lassen.

3. Das Mehl auf einem Teller verteilen, nach Geschmack mit Salz und Pfeffer würzen und die Fischfilets darin wenden. Überschüssiges Mehl abschütteln. Das verbliebene Öl in einer großen Pfanne erhitzen und den Fisch darin von beiden Seiten goldgelb braten.

4. Die Artischockenmischung auf vorgewärmte Teller verteilen und den Fisch darauf anrichten. Mit Petersilie bestreuen und sofort servieren.

Meeresfrüchteeintopf

FÜR 6 PERSONEN

4 Meerbarbenfilets
450 g Seeteufel
400 g küchenfertiger Tintenfisch
3 EL Olivenöl
1 Zwiebel, fein gehackt
2 Knoblauchzehen, fein gehackt
2 Fenchelknollen, in dünnen Scheiben
150 ml trockener Weißwein
600 g gehackte Tomaten aus der Dose
750 ml Fischfond
500 g Miesmuscheln, abgebürstet und Bärte entfernt
18 rohe Riesengarnelen, ausgelöst und Darmfäden entfernt
Salz und Pfeffer
2 EL frisch gehackte glatte Petersilie, zum Garnieren
6 geröstete Ciabattascheiben, mit Knoblauch eingerieben und mit Olivenöl beträufelt, zum Servieren

1. Die Meerbarbenfilets in Drittel schneiden. Den Seeteufel entgräten (die Gräten beispielsweise für den Fischfond verwenden) und in gleichmäßig große Stücke schneiden. Die Tintenfischmäntel in dicke Ringe schneiden (die Tentakel beispielsweise für den Fischfond verwenden).

2. Das Öl in einem großen Topf erhitzen, Zwiebeln, Knoblauch und Fenchelscheiben zugeben und auf mittlerer Stufe unter Rühren 4–5 Minuten dünsten. Den Wein zugießen, gut umrühren und einkochen lassen. Die Tomaten zugeben und alles zum Kochen bringen. Die Hitze reduzieren und alles ohne Deckel weitere 10–15 Minuten köcheln lassen, bis der Fenchel weich und die Sauce angedickt ist.

3. Inzwischen den Fond in einem zweiten großen Topf zum Kochen bringen, die Miesmuscheln zugeben und auf höchster Stufe 3–4 Minuten köcheln lassen, bis die Muscheln sich geöffnet haben. Dabei gelegentlich am Topf rütteln. Muscheln, die sich nicht geöffnet haben, wegwerfen. Die Muscheln abgießen und den Sud aufbewahren. Die Hälfte der Muscheln aus den Schalen lösen und alle Muscheln warm stellen.

4. Den Muschelsud in die Tomatenmischung geben und alles zum Kochen bringen. Alle Fischsorten und Garnelen in den Topf geben und 2–3 Minuten kochen, bis die Garnelen rosa sind. Die Muscheln zugeben und alles gut erhitzen. Mit Salz und Pfeffer abschmecken.

5. Auf vorgewärmte Suppenschalen verteilen, dabei die Fischstücke und Muscheln gleichmäßig aufteilen. Mit Petersilie bestreuen und mit gerösteten Weißbrotscheiben servieren.

Gefüllte Kalmare

FÜR 4 PERSONEN

4 küchenfertige Kalmare mit Tentakeln

2 Schalotten, fein gehackt

1 Knoblauchzehe, fein gehackt

100 g gekochter Schinken, gehackt

3 EL gekochter Reis

1 Ei

1 EL frisch gehackte Petersilie, plus etwas mehr zum Garnieren

1 TL abgeriebene Schale von 1 unbehandelten Zitrone

Salz und Pfeffer

500 g frische Tomaten

1 EL Olivenöl

200 ml Weißwein

1. Die Kalmarmäntel waschen und mit Küchenpapier trocken tupfen. Die Tentakel klein schneiden.

2. Tentakel, Schalotten, Knoblauch, Schinken, Reis, Ei, Petersilie und Zitronenschale mischen. Nach Geschmack mit Salz und Pfeffer würzen. Die Mischung in die Kalmare füllen und die Öffnung mit einem Zahnstocher schließen.

3. Die Tomaten häuten, entkernen und das Tomatenfleisch würfeln. Beiseitestellen. Das Öl in einer großen Pfanne erhitzen und die gefüllten Kalmare darin rundum anbraten. Tomaten und Wein hinzufügen und alles zum Kochen bringen. Die Hitze reduzieren und abgedeckt 45 Minuten köcheln lassen. Mit Salz und Pfeffer abschmecken. Die Kalmare auf Teller verteilen und mit der Sauce übergießen. Mit Petersilie garnieren und sofort servieren.

Vegetarische Gerichte und Salate

In Italien werden Gemüsegerichte und Salate oft separat serviert – entweder als Antipasti oder nach dem ersten Gang. So kommen ihre frischen Aromen und Farben besonders gut zur Geltung. Stärkehaltige Nahrungsmittel, wie Bohnen oder Kartoffeln, werden gern als Beilage zum Hauptgericht serviert.

Die Märkte in Italien bieten frisches Gemüse in Hülle und Fülle. Jede Region hat ihre Spezialitäten: Im Süden sind Auberginen sehr populär und werden auf Sizilien zum Beispiel in der köstlichen Caponata mit weiteren Gemüsesorten gegart und süßsauer abgeschmeckt. Im Nordosten schätzt man Spargel und Chicoree, die gewöhnlich gegrillt oder gratiniert serviert werden. Manche Gemüsesorten werden roh verzehrt, andere werden gegrillt oder gebraten und anschließend

zimmerwarm mit etwas Olivenöl oder frisch gepresstem Zitronensaft beträufelt gereicht. Überraschend viele Gemüsesorten werden zudem geröstet. Dazu gehören nicht nur Wurzelgemüsesorten, sondern auch Fenchel, Brokkoli oder Romanesco. Durch das Rösten intensivieren sich die im Gemüse enthaltenen Aromen.

Die Auswahl an Salaten ist in Italien riesig. Vom gemischten Blattsalat über Rucola mit Parmesanspänen bis zur rustikalen Panzanella, einem toskanischen Tomaten-Brot-Salat mit Basilikum, Essig und Olivenöl, gibt es alles, was das Herz begehrt. Sehr beliebt sind auch deftige Salate aus gekochten Bohnen mit Olivenöl und Kräutern. Salate aus gekochtem Gemüse werden stets bei Zimmertemperatur serviert, damit die zarten Aromen gut zur Geltung kommen.

Überbackene Auberginen

FÜR 4 PERSONEN

4 Auberginen
3 EL Olivenöl, plus etwas mehr zum Einfetten
300 g Mozzarella, in dünnen Scheiben
4 Scheiben Parmaschinken, klein geschnitten
1 EL frisch gehackter Majoran
Salz und Pfeffer
3 EL frisch geriebener Parmesan

TOMATENSAUCE
4 EL Olivenöl
1 große Zwiebel, in Ringen
4 Knoblauchzehen, zerdrückt
400 g gehackte Tomaten aus der Dose
450 g frische Tomaten, gehäutet und gehackt
4 EL frisch gehackte glatte Petersilie
600 ml heiße Gemüsebrühe
1 EL Zucker
2 EL Zitronensaft
150 ml trockener Weißwein
Salz und Pfeffer

BÉCHAMELSAUCE
30 g Butter
30 g Mehl
1 TL Senfpulver
300 ml Milch
frisch geriebene Muskatnuss
Salz und Pfeffer

1. Für die Tomatensauce das Öl in einer großen Pfanne erhitzen und Zwiebeln und Knoblauch darin glasig dünsten. Tomaten, Petersilie, Brühe, Zucker und Zitronensaft zufügen und abgedeckt 15 Minuten köcheln lassen, dann den Wein einrühren. Mit Salz und Pfeffer abschmecken.

2. Auberginen längs in Scheiben schneiden. Wasser in einem großen Topf aufkochen und die Auberginen darin 5 Minuten blanchieren, herausnehmen, abtropfen lassen und mit Küchenpapier trocken tupfen.

3. Den Backofen auf 190 °C vorheizen. Die Hälfte der Tomatensauce in eine gefettete Auflaufform geben, mit der Hälfte der Auberginenscheiben belegen und mit dem Olivenöl beträufeln. Die Hälfte des Mozzarellas, des Parmaschinkens und des Majorans darübergeben und mit Salz und Pfeffer würzen. Den Vorgang mit den restlichen Zutaten wiederholen.

4. Für die Béchamelsauce die Butter in einem großen Topf zerlassen. Mehl und Senfpulver unter Rühren zufügen und 2 Minuten anschwitzen. Die Milch langsam einrühren und die Sauce 2 Minuten köcheln lassen. Vom Herd nehmen und mit Muskatnuss sowie Salz und Pfeffer abschmecken.

5. Den Auflauf mit der Béchamelsauce bedecken und mit Parmesan bestreuen. Im Backofen 35–40 Minuten überbacken. Sofort servieren.

Caponata

FÜR 4 PERSONEN

4 EL Olivenöl
2 Selleriestangen, in Scheiben
2 rote Zwiebeln, in Ringen
450 g Auberginen, gewürfelt
1 Knoblauchzehe, fein gehackt
5 Eiertomaten, gehackt
3 EL Rotweinessig
1 EL Zucker
3 EL grüne Oliven, entsteint
2 EL Kapern, abgespült und abgetropft
Salz und Pfeffer
4 EL frisch gehackte glatte Petersilie, zum Garnieren
Ciabatta oder Panini, zum Servieren

1. 2 EL Öl in einer großen Pfanne erhitzen. Sellerie und Zwiebeln zufügen und bei schwacher Hitze unter gelegentlichem Rühren 5 Minuten weich dünsten. Das verbliebene Öl und die Auberginen zugeben. Unter Rühren 5 Minuten köcheln lassen, bis die Auberginen Farbe annehmen.

2. Knoblauch, Tomaten, Essig und Zucker zugeben, gut unterheben und abgedeckt 10 Minuten sanft köcheln lassen.

3. Oliven und Kapern unterrühren und mit Salz und Pfeffer abschmecken. Die Caponata in eine Schüssel füllen und auf Zimmertemperatur abkühlen lassen. Mit Petersilie bestreuen und mit frischem Brot servieren.

Fenchelgratin

FÜR 4 PERSONEN

30 g Butter, plus etwas mehr zum Einfetten
4 Fenchelknollen
1 EL Zitronensaft
2 EL Mehl
500 ml lauwarme Milch
100 g Crème double
2 EL Weißwein
½ TL frisch geriebene Muskatnuss
Salz und Pfeffer
120 g frisch geriebener Fontina
50 g Pinienkerne

1. Den Backofen auf 180 °C vorheizen. Eine große Auflaufform leicht einfetten.

2. Den Fenchel putzen und das Fenchelkraut beiseitelegen. Die Fenchelknollen in 5 mm dicke Scheiben schneiden. Leicht gesalzenes Wasser in einem großen Topf zum Kochen bringen, Fenchel und Zitronensaft hineingeben, erneut aufkochen und 3 Minuten blanchieren. Den Fenchel mit einem Schaumlöffel herausheben und in eine mit Eiswasser gefüllte Schüssel geben, um den Garvorgang zu stoppen. Abgekühlt in einen Durchschlag abgießen und gut abtropfen lassen.

3. Die Butter in einem Topf zerlassen, das Mehl zufügen und bei geringer Hitze unter Rühren 1–2 Minuten anschwitzen. Unter ständigem Rühren nach und nach Milch und Crème double zugießen. Zum Kochen bringen, dann bei reduzierter Hitze andicken lassen. Wein und Muskatnuss unterrühren und mit Salz und Pfeffer abschmecken.

4. Den Fenchel in die vorbereitete Form geben, mit der Sauce übergießen und mit dem Käse bestreuen. Im vorgeheizten Ofen 25 Minuten goldbraun backen.

5. Inzwischen die Pinienkerne in einer trockenen Pfanne rösten. Das beiseitegestellte Fenchelkraut hacken. Das Gratin mit Pinienkernen und Fenchelkraut garniert servieren.

Frittierte Zucchiniblüten

FÜR 4–6 PERSONEN

100 g Mehl
2 TL Backpulver
1 EL natives Olivenöl extra
1 Ei, verquirlt
200–250 ml Eiswasser
Salz und Pfeffer
Olivenöl, zum Braten
16–20 Zucchiniblüten
Meersalzflocken, zum Garnieren
Zitronenspalten, zum Servieren

1. Mehl und Backpulver in eine Schüssel sieben, dann Olivenöl und Ei hinzufügen. Mit ausreichend Wasser zu einem Teig mit der Konsistenz von Crème double anrühren (die Teigmenge hängt von der Mehlsorte ab). Nach Geschmack mit Salz und Pfeffer würzen.

2. Den Boden einer großen Pfanne oder eines Woks dünn mit Öl bedecken und erhitzen. Die Zucchiniblüten kurz in den Teig tauchen, ins heiße Öl geben und darin portionsweise 2–4 Minuten goldgelb und knusprig braten. Mit einem Schaumlöffel herausheben und auf Küchenpapier abtropfen lassen. Leicht mit Meersalzflocken bestreuen und mit Zitronenspalten sofort servieren.

Spinat in Gorgonzolasauce

FÜR 4 PERSONEN

1 kg frischer Spinat
60 g Butter
½ TL frisch geriebene Muskatnuss
Salz und Pfeffer
120 ml Weißwein
120 ml Milch
120 g Gorgonzola
2 Eigelb

1. Den Spinat von holzigen Stielen befreien und die Blätter in einem Durchschlag unter fließend kaltem Wasser abspülen. Abtropfen lassen.

2. Die Hälfte der Butter in einem großen Topf bei mittlerer Hitze erwärmen. Den feuchten Spinat in der Butter wenden und abgedeckt 3–4 Minuten dünsten, bis der Spinat zusammengefallen ist. Die Muskatnuss unterrühren und nach Geschmack mit Salz und Pfeffer würzen. Während der Zubereitung der Sauce bei reduzierter Hitze warm halten.

3. Wein und Milch in einen zweiten Topf geben, zum Kochen bringen und köchelnd leicht reduzieren lassen. Den Gorgonzola unterrühren, bis er geschmolzen ist. Vom Herd nehmen. Das Eigelb in einer kleinen Schüssel verquirlen, etwas von der heißen Sauce unterrühren und mit der verbliebenen Butter und dem Spinat in den Topf geben. Umrühren und bei Bedarf mit mehr Salz und Pfeffer abschmecken. Sofort servieren.

Spargelgratin

FÜR 4–6 PERSONEN

Butter, zum Einfetten
1 kg frischer grüner Spargel
Salz
1 Prise Zucker
100 g Fontina, in Scheiben
50 g frisch geriebener Parmesan
100 g Crème double
Pfeffer

1. Den Backofen auf 240 °C vorheizen. Eine große Auflaufform einfetten.
2. Den Spargel waschen und das holzige untere Ende der Spargelstangen abschneiden. Leicht gesalzenes Wasser in einem großen Topf zum Kochen bringen. Spargel und Zucker hineingeben, erneut aufkochen und etwa 15 Minuten bissfest garen. Dann abgießen.
3. Den Spargel in die vorbereitete Form geben. Mit Fontina belegen, mit Parmesan bestreuen und mit Crème double übergießen. Im vorgeheizten Ofen 8 Minuten goldbraun gratinieren. Mit Pfeffer bestreuen und sofort servieren.

Rosmarinkartoffeln

FÜR 4 PERSONEN

5 EL Olivenöl, plus etwas mehr zum Einfetten

3 frische Rosmarinzweige, plus einige mehr zum Garnieren

800 g kleine Kartoffeln, gewürfelt

3 Knoblauchzehen, grob gehackt

Salz und Pfeffer

1. Den Backofen auf 200 °C vorheizen.

2. Eine große Auflaufform mit Öl einfetten. Die Rosmarinblätter von den Stielen abstreifen, die Stiele wegwerfen und die Blätter grob hacken. Beiseitestellen.

3. Eine Schicht Kartoffeln in die Form geben, mit etwas Knoblauch und Rosmarin bestreuen und nach Geschmack mit Salz und Pfeffer würzen. So weiterschichten, bis Kartoffeln, Knoblauch und Rosmarin aufgebraucht sind.

4. Mit dem Öl beträufeln und im vorgeheizten Ofen unter mehrfachem Wenden 45 Minuten goldbraun gratinieren. Mit Rosmarinzweigen garniert servieren.

Röstgemüsesalat

FÜR 4 PERSONEN

1 Zwiebel
1 Aubergine
1 rote Paprika
1 orangefarbene Paprika
1 große Zucchini
2–4 Knoblauchzehen
2–4 EL Olivenöl
Salz und Pfeffer

1 EL frisch gehacktes Basilikum, zum Garnieren
Parmesanspäne, zum Servieren

DRESSING
1 EL Balsamico-Essig
2 EL natives Olivenöl extra
Salz und Pfeffer

1. Den Backofen auf 200 °C vorheizen.

2. Das Gemüse in gleichmäßig große Stücke schneiden, in einen Bräter geben und die Knoblauchzehen darübergeben. Mit 2 Esslöffeln Olivenöl beträufeln und alles gut im Öl wenden. Nach Geschmack mit Salz und Pfeffer würzen. 40 Minuten im Ofen rösten, bis das Gemüse gar ist. Bei Bedarf mehr Olivenöl zugeben.

3. Inzwischen für das Dressing Essig, Olivenöl sowie nach Geschmack Salz und Pfeffer in ein Schraubglas füllen und gut schütteln.

4. Das geröstete Gemüse aus dem Ofen nehmen, auf einem Teller anrichten und mit dem Dressing beträufeln. Mit Basilikum garnieren und mit Parmesanspänen servieren.

Panzanella

FÜR 4 PERSONEN

8 große vollreife Tomaten
2 Knoblauchzehen, zerdrückt
Salz und Pfeffer
2 EL Rotweinessig oder Balsamico-Essig
90 ml natives Olivenöl extra, plus etwas mehr zum Servieren
250 g toskanisches Weißbrot oder Ciabatta
1 rote Zwiebel, halbiert und in dünnen Scheiben
1 Handvoll frische Basilikumblätter, grob zerzupft

1. Die Tomaten halbieren und die Kerne entfernen. Das Fruchtfleisch achteln und mit einem Sieb über einer Schüssel den Saft auffangen. Den Knoblauch zum Tomatensaft geben und kräftig salzen und pfeffern. Essig und Öl zugießen und alles gut verrühren.

2. Das Brot in große Stücke brechen und in eine große Schüssel geben. Die Tomatensaftmischung darübergeben und vorsichtig verrühren, bis die ganze Flüssigkeit aufgenommen ist. Das Brot mit den Fingern in kleinere Stücke brechen, aber nicht zerkrümeln.

3. Eine Lage Brot in eine Salatschüssel geben und die Hälfte der Tomaten und Zwiebeln darauf verteilen. Eine weitere Lage Brot zugeben und die restlichen Tomaten und Zwiebeln sowie die Basilikumblätter darüber verteilen. Abgedeckt bei Zimmertemperatur 1 Stunde ruhen lassen, bis das Brot alle Aromen gut aufgenommen hat.

4. Gut umrühren, mit Salz und Pfeffer abschmecken und mit etwas zusätzlichem Öl beträufelt servieren.

Bohnen-Pecorino-Salat

FÜR 6 PERSONEN

250 g frische dicke Bohnen, gepalt
70 ml natives Olivenöl extra
2 EL frisch gepresster Zitronensaft
1 EL frisch gehackte Minze
Salz und Pfeffer
200 g junger Pecorino, gewürfelt
100 g Rucola
50 g Pecorino- oder Parmesanspäne

1. Wenn die dicken Bohnen besonders zart und frisch sind, können sie roh serviert werden, ansonsten in einem großen Topf mit kochendem Wasser etwa 2-3 Minuten garen. Abgießen, unter fließend kaltem Wasser abspülen und abtropfen lassen.

2. Die abgetropften Bohnen in eine Schüssel geben und Öl und Zitronensaft sowie Minze zugeben. Kräftig salzen und pfeffern und die Pecorinowürfel untermengen.

3. Die Rucolablätter auf einer Servierplatte anrichten und die Bohnen-Käse-Mischung darübergeben. Mit Pecorinospänen bestreuen und servieren.

Insalata Caprese

FÜR 4 PERSONEN

300 g Büffelmozzarella, in Scheiben
8 Fleischtomaten, in Scheiben
Salz
20 frische Basilikumblätter
125 ml natives Olivenöl extra
Pfeffer

1. Die Mozzarella- und Tomatenscheiben fächerartig auf 4 Tellern anrichten. Salzen, mit Frischhaltefolie abdecken und 15 Minuten im Kühlschrank ziehen lassen.

2. Auf jedem Teller 5 Basilikumblätter verteilen. Mit dem Olivenöl beträufeln, mit Pfeffer würzen und servieren.

Salat aus grünen und weißen Bohnen

FÜR 4 PERSONEN

100 g weiße Bohnen, über Nacht eingeweicht
250 g Prinzessbohnen, in kleinen Stücken
¼ rote Zwiebel, in dünnen Scheiben
12 schwarze Oliven, entsteint
1 EL Schnittlauchröllchen

DRESSING
½ EL Zitronensaft
½ TL Dijonsenf
90 ml natives Olivenöl extra
Salz und Pfeffer

1. Die weißen Bohnen in einen Topf geben und mit reichlich Wasser bedecken. Zum Kochen bringen und 15 Minuten köcheln lassen. Die Hitze reduzieren und weitere 40 Minuten garen. Die Bohnen sollten weich sein, aber nicht zerfallen. In den letzten 5 Minuten der Garzeit etwas Salz zugeben. Die Bohnen abgießen, abtropfen lassen und beiseitestellen.

2. Inzwischen die grünen Bohnen in einen großen Topf mit kochendem Wasser geben und 10–12 Minuten bissfest garen. Abgießen, abtropfen lassen und beiseitestellen.

3. Für das Dressing alle Zutaten in eine Schüssel geben, verquirlen und kurz ziehen lassen.

4. Die noch lauwarmen weißen und grünen Bohnen in eine flache Schüssel geben. Zwiebeln, Oliven und Schnittlauch darüber verteilen.

5. Das Dressing erneut verquirlen und über den Salat gießen. Alles gut vermengen und sofort servieren.

Rote Bete mit Balsamico-Essig

FÜR 4 PERSONEN

500 g Rote Bete
2 EL Balsamico-Essig
1 EL Senf
70 ml Olivenöl
Salz und Pfeffer
2 EL frische Minze, in Streifen, plus einige Blätter mehr zum Garnieren

1. Den Backofen auf 200 °C vorheizen. Die Rote Bete waschen und mit Küchenpapier trocken tupfen. Jede Bete einzeln in Alufolie einschlagen, auf ein Backblech leben und je nach Größe 40–60 Minuten backen.

2. Aus dem Ofen nehmen, auspacken, leicht abkühlen lassen und schälen. Dabei möglichst Einmalhandschuhe tragen, da der Rote-Bete-Saft stark abfärbt. Die Rote Bete in dünne Scheiben schneiden und auf einer Servierplatte anrichten.

3. Essig, Senf und Öl in einer kleinen Schüssel verquirlen und mit Salz und Pfeffer abschmecken. Die Rote Bete damit beträufeln, mit Minze bestreuen und mit einigen ganzen Minzeblättern garnieren. Sofort servieren.

Orangensalat

FÜR 4 PERSONEN

4 Orangen
1 rote Zwiebel
2 EL frisch gehackte glatte Petersilie, plus etwas mehr zum Garnieren
Salz und Pfeffer
4 EL Olivenöl

1. Ober- und Unterseite der Orangen mit einem scharfen Messer abschneiden, dann Schale und weiße Haut komplett entfernen. Quer in dünne Scheiben schneiden und auf einer großen Servierplatte anrichten.

2. Die Zwiebel durch den Wurzelansatz halbieren und eine Hälfte in dünne Scheiben schneiden. Die verbliebene Hälfte fein hacken und mit der Petersilie mischen. Alles leicht mit Salz und Pfeffer würzen und über die Orangenscheiben streuen. Mit dem Öl beträufeln.

3. Mit Frischhaltefolie abdecken und 1 Stunde im Kühlschrank marinieren. 5 Minuten vor dem Servieren aus dem Kühlschrank nehmen und mit Petersilie garnieren. Sofort servieren.

Radicchiosalat

FÜR 4 PERSONEN

400 g Radicchioblätter
1 EL Olivenöl
100 g Pancetta oder Speck, fein gewürfelt
2 EL Balsamico-Essig
Salz und Pfeffer

1. Den Radicchio waschen und trocken schleudern. Die Blätter in mundgerechte Stücke zupfen und auf 4 Teller verteilen.

2. Das Öl in einer Pfanne bei mittlerer Hitze erwärmen und den Pancetta darin 4–5 Minuten knusprig braten. Den Essig hinzufügen und mit Salz und Pfeffer abschmecken.

3. Die Pancettamischung über den Salat geben und sofort servieren.

Brot, Pizza und Desserts

In Italien ist ein Essen ohne frisches Brot undenkbar. Es steht von Beginn an auf dem Tisch, lädt zum Knabbern ein und macht Appetit auf den ersten Gang. Auch bei den Brotsorten gibt es regionale Unterschiede. So serviert man in Ligurien gern die weiche, saftige, bisweilen mit Zwiebeln und Rosmarin verfeinerte Focaccia, im Piemont hingegen liebt man die knusprigen Grissini.

Pizza ist sicherlich das weltweit bekannteste italienische Gericht, und allein der Duft ist schon unwiderstehlich. Für eine wirklich gute Pizza sind ein selbst gemachter Pizzateig und eine hausgemachte Tomatensauce unersetzlich. Pizza sollte einen knusprigen Boden und einen weichen Belag haben. Der klassische Margherita-Belag besteht aus Tomaten, Mozzarella und Basilikum, doch dieses Grundrezept kann

beliebig um die persönlichen Lieblingszutaten erweitert werden, und die Variationen sind zahlreich.

Das Dessert fällt in Italien oft recht schlicht aus: Häufig werden frisch aufgeschnittene Früchte oder ein leckerer Obstsalat gereicht. Manchmal wird allerdings auch geschlemmt – zum Beispiel mit den beliebten Desserts Tiramisu oder Panna Cotta. Köstlich ist überdies der Zucchotto, eine kuppelförmige Torte aus rumgetränktem Biskuit, Schlagsahne, Mandeln und Schokolade. Italiener lieben Kuchen und Kekse, insbesondere bei besonderen Anlässen oder als süßes i-Tüpfelchen nach dem gemeinsamen Sonntagsessen.

Zwiebel-Rosmarin-Focaccia

ERGIBT 1 FOCACCIA

450 g Mehl, plus etwas mehr zum Bestäuben
1½ TL Trockenhefe
½ TL Salz
2 EL frisch gehackter Rosmarin, plus einige kleine Zweige zum Garnieren
5 EL natives Olivenöl extra, plus etwas mehr zum Einfetten
300 ml warmes Wasser
1 rote Zwiebel, in feinen Ringen
1 EL grobes Meersalz

1. Mehl, Hefe und Salz in einer Rührschüssel vermengen und den gehackten Rosmarin einrühren. In die Mitte eine Vertiefung drücken. 3 Esslöffel Olivenöl und Wasser in einem Becher vermischen und in die Vertiefung gießen. Mit einer Messerklinge schrittweise die Flüssigkeit mit dem Mehl vermischen. Dann mit den Händen zu einem lockeren Teig verkneten.

2. Den Teig auf einer leicht bemehlten Arbeitsfläche 8–10 Minuten glatt kneten. Zurück in die Schüssel geben und mit einem sauberen Küchentuch oder eingeölter Frischhaltefolie abdecken. Den Teig 45–60 Minuten an einem warmen Ort gehen lassen, bis er auf doppelte Größe aufgegangen ist. Herausnehmen und mit den Händen noch einmal gut durchkneten.

3. Den Backofen auf 200 °C vorheizen und einen großen Bogen Backpapier bereitlegen. Den Teig zu einem Kreis von etwa 30 cm Ø ausrollen – dabei muss der Fladen nicht kreisrund werden, eine leicht ovale Form ist auch sehr verbreitet. Den Fladen auf das Backpapier setzen. Mit einem sauberen Küchentuch oder eingeölter Frischhaltefolie abdecken und an einem warmen Ort 20–30 Minuten gehen lassen.

4. Im Abstand von etwa 5 cm mit dem Griff eines Holzlöffels Löcher in den Teig stechen. Die Zwiebelringe auf dem Fladen verteilen, mit dem verbliebenen Öl beträufeln und den Fladen mit Meersalz bestreuen. Im vorgeheizten Ofen 20–25 Minuten goldbraun backen. 5 Minuten vor Ende der Backzeit mit den zusätzlichen Rosmarinzweigen garnieren. Einige Minuten auf einem Kuchengitter abkühlen lassen und warm servieren.

Ciabatta

ERGIBT 3 CIABATTA

400 ml lauwarmes Wasser

4 EL lauwarme fettarme Milch

500 g Mehl Type 550

7 g Trockenhefe

2 TL Salz

3 EL Olivenöl

BIGA (VORTEIG)

350 g Mehl Type 550, plus etwas mehr zum Bestäuben

1¼ TL Trockenhefe

200 ml lauwarmes Wasser

1. Für die Biga das Mehl in eine Schüssel sieben, die Hefe untermischen und in die Mitte eine Mulde drücken. Das lauwarme Wasser in die Mulde gießen und alles zu einem Teig verarbeiten. Auf eine leicht bemehlte Arbeitsfläche geben und mit den Händen 5 Minuten zu einem glatten, elastischen Teig verkneten. Den Teig zu einer Kugel formen, in eine Schüssel geben und mit Frischhaltefolie oder einem feuchten Küchentuch abdecken. 12 Stunden an einem warmen Ort gehen lassen, bis der Teig beginnt zusammenzufallen.

2. Wasser und Milch mit einem Holzlöffel unter die Biga rühren. Nach und nach kleine Portionen Mehl und Hefe mit den Händen unterkneten. Schließlich Salz und Öl untermengen. Der Teig ist jetzt sehr nass und klebrig, aber es sollte kein zusätzliches Mehl hinzugefügt werden. Den Teig mit Frischhaltefolie oder einem feuchten Küchentuch abdecken und an einem warmen Ort 2 Stunden auf das Doppelte aufgehen lassen.

3. Drei Backbleche mit Mehl bestäuben. Den Teig mit einem Spatel auf die vorbereiteten Backbleche verteilen und abschlagen, bis die Luft entwichen ist. Mit leicht bemehlten Händen jedes Stück zu einem rechteckigen Laib ziehen und leicht flach drücken. Die Laibe mit Mehl bestäuben und weitere 30 Minuten an einem warmen Ort gehen lassen.

4. Inzwischen den Backofen auf 220 °C vorheizen. Die Brote 25–30 Minuten backen, bis die Kruste leicht goldgelb geworden ist und sich die Laibe beim Klopfen auf die Unterseite hohl anhören. Auf Kuchengittern abkühlen lassen.

Olivenbrot

ERGIBT 3 KLEINE BROTE

500 g Mehl Type 550, plus etwas mehr zum Bestäuben
7 g Trockenhefe
1 TL Salz
1 Prise Zucker
300 ml lauwarmes Wasser
2 EL natives Olivenöl extra, plus etwas mehr zum Bestreichen
250 g Mangold, gehackt
100 g schwarze Oliven, entsteint und gehackt

1. Das Mehl in eine große Schüssel sieben und in die Mitte eine Mulde drücken. Hefe, Salz, Zucker und Wasser in die Mulde gießen. Nach und nach Mehl und Flüssigkeit zu einem Teig verbinden. Den Teig auf eine leicht bemehlte Arbeitsfläche geben und mit den Händen 5–10 Minuten zu einem glatten, elastischen Teig verkneten. Zu einer Kugel formen, in die Schüssel geben und mit Frischhaltefolie abdecken. Etwa 1 Stunde an einem warmen Ort auf das Doppelte aufgehen lassen.

2. Ein Backblech mit Öl einfetten. Den Teig mit den Fäusten abschlagen und auf eine leicht bemehlte Arbeitsfläche geben. Mangold und Oliven unterkneten und den Teig in 3 gleich große Stücke teilen. Jedes Stück zu einem länglichen Laib formen und auf das vorbereitete Backblech legen. Ein Küchentuch mit Mehl bestäuben, über die Laibe legen und 1 weitere Stunde gehen lassen.

3. Den Backofen auf 220 °C vorheizen. Die Brote mit Öl bestreichen und 20–25 Minuten im Ofen backen. Auf einem Kuchengitter auskühlen lassen.

Pizza Margherita

ERGIBT 1 PIZZA

TEIG

180 g Mehl, plus etwas mehr zum Bestäuben

1 TL Salz

1 TL Trockenhefe

1 EL Olivenöl, plus etwas mehr zum Bestreichen und Beträufeln

6 EL lauwarmes Wasser

BELAG

180 g Pizzatomaten (Fertigprodukt) oder 350 g Tomaten, gehäutet und halbiert

1 Knoblauchzehe, in dünnen Scheiben

60 g Mozzarella, in dünnen Scheiben

1 TL getrockneter Oregano

Salz und Pfeffer

frische Basilikumblätter, zum Garnieren

1. Mehl und Salz in eine Schüssel sieben, die Hefe untermischen und eine Mulde in die Mitte drücken. Öl und lauwarmes Wasser hineingießen und mit einem Holzlöffel zu einem Teig verarbeiten. Dann mit den Händen kneten, bis er sich vom Schüsselrand löst. Auf eine leicht bemehlte Arbeitsfläche geben und mit den Händen 5–10 Minuten zu einem glatten, elastischen Teig verkneten.

2. Eine Schüssel mit Öl einfetten. Den Teig zu einer Kugel formen, in die Schüssel geben und mit Frischhaltefolie oder einem feuchten Küchentuch abdecken. Etwa 1 Stunde an einem warmen Ort auf das Doppelte aufgehen lassen.

3. Ein Backblech mit Öl einfetten. Den Teig auf eine leicht bemehlte Arbeitsfläche geben, mit den Fäusten abschlagen und 1 Minute durchkneten. Den Teig ausrollen oder mit den Händen flach drücken, sodass ein Kreis von 25 cm Ø entsteht. Auf das vorbereitete Backblech legen und den Rand rundum leicht hochdrücken. Das Blech mit Frischhaltefolie oder einem feuchten Küchentuch abdecken und den Teig an einem warmen Ort 10 Minuten gehen lassen.

4. Den Backofen auf 200 °C vorheizen. Den Boden fast bis zum Rand mit der fertigen Tomatensauce bestreichen. Frische Tomaten leicht auspressen und grob hacken. Die Tomaten gleichmäßig auf dem Boden verteilen und mit Olivenöl beträufeln. Knoblauch und Mozzarella gleichmäßig auf der Pizza verteilen, mit Oregano bestreuen und mit Salz und Pfeffer würzen. Im Ofen 15–20 Minuten goldbraun und knusprig backen. Den Rand mit Öl bestreichen, die Pizza mit Basilikumblättern garnieren und sofort servieren.

Calzone

FÜR 4 PERSONEN

2 EL Olivenöl, plus etwas mehr zum Bestreichen
1 rote Zwiebel, in dünnen Ringen
1 Knoblauchzehe, fein gehackt
400 g gehackte Tomaten aus der Dose
60 g schwarze Oliven, entsteint
Salz und Pfeffer
2 Portionen Pizzateig (siehe Seite 164)
Mehl, zum Bestäuben
200 g Mozzarella, in dünnen Scheiben
1 EL frisch gehackter Oregano

1. Den Backofen auf 200 °C vorheizen. Zwei Backbleche mit Öl einfetten.

2. Das Öl in einer Pfanne erhitzen und Zwiebeln und Knoblauch darin bei geringer Hitze 5 Minuten weich dünsten. Die Tomaten hinzufügen und unter gelegentlichem Rühren weitere 5 Minuten köcheln. Die Oliven unterrühren und mit Salz und Pfeffer abschmecken. Vom Herd nehmen.

3. Den Pizzateig vierteln. Jedes Stück auf einer leicht bemehlten Arbeitsfläche zu einem Kreis von 20 cm Ø ausrollen.

4. Jeden Teigkreis zur Hälfte fast bis zum Rand mit je einem Viertel der Tomatensauce bestreichen. Mit Mozzarella belegen und mit Oregano bestreuen. Die Teigränder mit etwas Wasser befeuchten und den Teig zur Hälfte überklappen. An den Rändern gut festdrücken.

5. Im Ofen 15 Minuten goldgelb und knusprig backen. Aus dem Ofen nehmen und 2 Minuten ruhen lassen. Auf vorgewärmte Teller geben und servieren.

Grissini

ERGIBT 30 STÜCK

350 g Mehl Type 550, plus etwas mehr zum Bestäuben
1½ TL Salz
1½ TL Trockenhefe
200 ml lauwarmes Wasser
3 EL Olivenöl, plus etwas mehr zum Bestreichen
Sesamsaat, zum Bestreuen

1. Mehl und Salz in eine vorgewärmte Schüssel sieben, die Hefe untermischen und eine Mulde in die Mitte drücken. Wasser und Öl in die Mulde geben und alles zu einem weichen Teig verarbeiten.

2. Den Teig auf eine bemehlte Arbeitsfläche geben und mit den Händen 5–10 Minuten zu einem glatten, elastischen Teig verkneten. Den Teig in eine eingeölte Schüssel geben, mit einem feuchten Küchentuch abdecken und an einem warmen Ort 1 Stunde auf das Doppelte aufgehen lassen.

3. Den Backofen auf 200 °C vorheizen. Zwei Backbleche leicht einfetten.

4. Den Teig erneut leicht durchkneten und zu einem Viereck von 20 cm x 20 cm ausrollen. In drei 20 cm lange Streifen schneiden und jeden Streifen in 10 gleichmäßig große Stücke teilen.

5. Jedes Stück vorsichtig zu einer Stange von 30 cm Länge rollen und mit Öl bestreichen. Die Sesamsaat auf einem großen Teller verteilen. Jede Brotstange in der Sesamsaat rollen und mit ausreichend Abstand auf vorbereitete Backbleche legen. Erneut mit Öl bestreichen, mit einem feuchten Küchentuch abdecken und an einem warmen Ort 15 Minuten gehen lassen.

6. Die Grissini von beiden Seiten 10 Minuten im vorgeheizten Ofen goldgelb backen. Auf einem Kuchengitter auskühlen lassen.

Cantuccini

ERGIBT 20–30 STÜCK

250 g Mandeln, abgezogen
200 g Mehl, plus etwas mehr zum Bestäuben
170 g feiner Zucker, plus 1 EL zum Bestreuen
1 TL Backpulver
½ TL Zimt
2 Eier
10 Tropfen Vanillearoma

1. Den Backofen auf 180 °C vorheizen. 2 Backbleche mit Backpapier auslegen.

2. Die Mandeln grob hacken, einige ganze Mandeln übrig lassen. Mehl, Zucker, Backpulver und Zimt in einer Rührschüssel vermengen. Alle Mandeln einrühren.

3. Eier und Vanillearoma in einer kleinen Schüssel verquirlen, dann zur Mehlmischung geben und alles zu einem festen Teig verkneten.

4. Den Teig auf eine leicht bemehlte Arbeitsfläche geben und leicht mit den Händen verkneten. Den Teig halbieren und jede Hälfte zu einer etwa 5 cm dicken Rolle formen. Jede Rolle auf ein vorbereitetes Backblech legen, mit Zucker bestreuen und im Ofen 20–25 Minuten goldbraun backen.

5. Die Rollen aus dem Ofen nehmen und ein paar Minuten abkühlen lassen. Auf einem Schneidebrett in 1-cm-Scheiben schneiden. Den Backofen auf 150 °C herunterschalten und die Cantuccini nebeneinander auf die Backbleche legen. Im Ofen 15–20 Minuten zu Ende backen. Aus dem Ofen nehmen und auf einem Kuchengitter abkühlen lassen. Die Cantuccini luftdicht verschlossen aufbewahren.

Panforte di Siena

ERGIBT 16 STÜCKE

180 g flüssiger Honig
150 g Zucker
120 g Zitronat, fein gehackt
120 g Orangeat, fein gehackt
100 g gemahlene Mandeln
100 g Mandeln, abgezogen und grob gehackt
100 g Haselnüsse, grob gehackt
50 g Mehl
2 EL Kakaopulver
1 TL gemahlener Zimt
½ TL gemahlene Nelken
½ TL frisch geriebene Muskatnuss
Puderzucker, zum Bestäuben

1. Den Backofen auf 160 °C vorheizen. Eine Springform (20 cm Ø) mit Backpapier auslegen und den Rand einfetten.

2. Honig und Zucker in einem kleinen Topf auf kleinster Stufe verrühren, bis sich der Zucker aufgelöst hat.

3. Zitronat und Orangeat in eine große Rührschüssel geben und Mandeln und Nüsse zugeben. Mehl und Kakaopulver in die Rührschüssel sieben und alle Gewürze zugeben. Alles gut verrühren. Die Honigmischung über die trockenen Zutaten verteilen und gut einrühren.

4. Die Mischung in die vorbereitete Springform geben und die Oberfläche glatt streichen. Im Ofen 30–40 Minuten backen, bis der Kuchen fest ist.

5. Aus dem Ofen nehmen und in der Form auskühlen lassen.

6. Aus der Form nehmen, kräftig mit Puderzucker bestäuben und in Stücke schneiden. Luftdicht verschlossen oder in Frischhalte- und Alufolie gewickelt hält sich der Kuchen bis zu 3 Monate.

Italienischer Schokoladenkuchen

FÜR 6–8 PERSONEN

300 g Zartbitterschokolade mit mindestens 70 % Kakaoanteil, zerkleinert

150 g Butter, plus etwas mehr zum Einfetten

4 Eier, getrennt

50 g feiner Zucker

30 g Mehl

5 Tropfen Vanillearoma

Kakaopulver, zum Bestäuben

1. Den Backofen auf 180 °C vorheizen. Eine Springform (20 cm Ø) mit Backpapier auslegen und den Rand einfetten.

2. Schokolade und Butter in eine ofenfeste Schüssel geben und den Inhalt über einem Topf mit siedendem Wasser rühren, bis alles geschmolzen ist. Die Schüssel beiseitestellen und 5 Minuten abkühlen lassen.

3. Eigelb und Zucker in einer Rührschüssel mit dem elektrischen Handrührgerät oder dem Schneebesen cremig schlagen. In einer zweiten Rührschüssel das Eiweiß zu dickem Schnee schlagen.

4. Die Eigelbmischung unter die geschmolzene Schokolade ziehen. Das Mehl hineinsieben und mit dem Vanillearoma unterrühren. Den Eischnee vorsichtig unterheben.

5. Die Masse in die Springform geben und im vorgeheizten Ofen 15–20 Minuten backen, nicht länger. Die Oberseite des Kuchens sollte fest, aber das Innere noch leicht klebrig sein. Aus dem Ofen nehmen und abgedeckt über Nacht abkühlen lassen.

6. Den Rand der Springform lösen und das Backpapier vom Boden entfernen. Den Kuchen mit Kakaopulver bestäubt servieren.

Zuccotto

FÜR 12 PERSONEN

2 fertige Obstkuchenböden
3 EL Zitronenlikör
600 g Schlagsahne
150 g Puderzucker
100 g Zartbitterschokolade, fein gerieben
150 g abgezogene Mandeln, gehackt

1. Die Ränder der Kuchenböden mit einem Brotmesser abschneiden, damit sie eine einheitliche Höhe erhalten. Einen Kuchenboden in 12 Kuchenstücke schneiden und eine große Schüssel damit auslegen. Mit 2 Esslöffeln Likör beträufeln.

2. Sahne und 100 g Puderzucker in einer großen Rührschüssel steif schlagen. Die Hälfte der Creme in eine zweite Schüssel füllen, die Schokolade unterrühren und die Masse in die mit Kuchen ausgelegte Schüssel geben. Die Oberfläche glatt streichen. Die Mandeln unter die verbliebene Creme rühren, über der Schokoladenschicht verteilen und glatt streichen. Den zweiten Boden darüberlegen, leicht andrücken und mit dem restlichen Likör beträufeln. Mindestens 6 Stunden in den Kühlschrank stellen.

3. Zum Servieren auf eine Kuchenplatte stürzen und mit Puderzucker bestäuben.

Cassata

FÜR 12 PERSONEN

600 g Ricotta
2 EL Orangenblütenwasser
350 g Zucker
250 ml Wasser
300 g kandierte Früchte, gehackt
100 g Zartbitterschokolade, fein gehackt
50 g ungesalzene Pistazienkerne, gehackt
2 fertige Obstkuchenböden
4 EL Kirschlikör
2 EL Zitronensaft

1. Ricotta und Orangenblütenwasser glatt rühren. 200 g Zucker und das Wasser in einem kleinen Topf bei mittlerer Hitze erwärmen, bis der Zucker aufgelöst ist. Leicht einköcheln lassen. Vorsicht, die Masse setzt leicht an. Vom Herd nehmen und leicht abkühlen lassen. 150 g kandierte Früchte, Schokolade und Pistazien unter die Masse rühren.

2. Die Ränder der Kuchenböden mit einem Brotmesser abschneiden, damit sie eine einheitliche Höhe erhalten. Einen Kuchenboden in 12 Tortenstücke schneiden und eine große Schüssel damit auslegen. Mit 2 Esslöffeln Likör beträufeln. Die Ricottamasse in die Schüssel füllen und glatt streichen. Den zweiten Boden darüberlegen und leicht andrücken. Abgedeckt mindestens 5 Stunden im Kühlschrank fest werden lassen. Zum Servieren auf eine Kuchenplatte stürzen.

3. Den verbliebenen Zucker und den restlichen Likör mit Zitronensaft und etwas Wasser in einem Topf erwärmen, bis der Zucker aufgelöst ist und die Mischung eine sirupartige Konsistenz angenommen hat. Den Sirup über die Cassata träufeln und mit den verbliebenen kandierten Früchten dekorieren. Vor dem Servieren 1 weitere Stunde in den Kühlschrank stellen.

Schnelles Tiramisu

FÜR 4 PERSONEN

1 Ei, getrennt
250 g Mascarpone oder Doppelrahmfrischkäse
2 EL Naturjoghurt
2 EL Zucker
2 EL brauner Rum
2 EL kalter starker schwarzer Kaffee
8 Löffelbiskuits
2 EL geriebene Zartbitterschokolade

1. Das Eiweiß in einem sauberen Rührbecher steif schlagen. Das Eigelb, Mascarpone, Joghurt und Zucker in einer Rührschüssel schaumig rühren und den Eischnee vorsichtig unter die Mischung heben. Die Hälfte der Creme auf 4 Dessertgläser verteilen.

2. Rum und Kaffee verrühren und in eine flache Form gießen. Die Löffelbiskuits mehrmals darin wenden. Halbieren oder, falls nötig, in kleine Stücke brechen und in die Gläser schichten.

3. Eventuell übrig gebliebene Kaffeemischung unter die restliche Mascarponecreme rühren und diese auf die Biskuitschicht in die Gläser füllen.

4. Mit der geriebenen Schokolade bestreuen. Sofort servieren.

Gefüllte Pfirsiche mit Amaretto

FÜR 4 PERSONEN

50 g Butter
4 Pfirsiche
2 EL brauner Zucker
50 g Amarettini, zerdrückt
2 EL Amaretto
120 g geschlagene Sahne, zum Servieren

1. Den Backofen auf 180 °C vorheizen. Eine Auflaufform (20 cm Ø) oder ein Backblech mit 1 Esslöffel Butter einfetten. Die Pfirsichhälften nach Wunsch häuten; dafür 10–15 Sekunden in eine Schüssel kochendes Wasser tauchen und dann in kaltes Wasser legen. Die Haut der abgekühlten Früchte lässt sich leicht abziehen. Die Pfirsiche halbieren und entsteinen.

2. Verbliebene Butter und Zucker in einer Schüssel cremig schlagen, die Amarettinikrümel zugeben und alles gut verrühren.

3. Die Pfirsichhälften mit der Schnittseite nach oben in die gefettete Form oder auf das Blech setzen und die Keksmischung in die Steinmulden füllen. Im vorgeheizten Ofen 20–25 Minuten überbacken. Den Amaretto darübergießen und heiß mit Schlagsahne servieren.

Zabaglione

FÜR 4 PERSONEN

5 Eigelb
100 g Zucker
150 ml Marsala oder süßer Sherry
Amaretti, zerkrümelt, zum Garnieren, plus einige ganze Ameretti zum Servieren

1. Eigelb in eine große Schüssel geben. Den Zucker zufügen und mit dem Eigelb verrühren, bis eine helle, cremige Masse vom doppelten Volumen entstanden ist.

2. Die Schüssel mit der Masse über einen Topf mit leicht köchelndem Wasser stellen. Marsala oder Sherry zugießen und die Mischung etwa 10 Minuten unter ständigem Rühren erwärmen, bis sie leicht schäumt.

3. Den Schaum in 4 Dessertgläser füllen. Die Zabaglione noch warm mit den Amarettikrümeln bestreuen und mit Amaretti servieren.

Panna Cotta

FÜR 6 PERSONEN

1 EL Pflanzenöl
1 Vanillestange
600 g Schlagsahne
4 EL Zucker
2 TL gemahlene Gelatine
3 EL kaltes Wasser
halbierte Erdbeeren, zum Dekorieren

1. 6 Ramequin- oder kleine Auflaufformen gründlich mit dem Öl einfetten. Die Vanillestange mit einem scharfen Messer aufschneiden und die Samen herausschaben. Samen und Stange mit Sahne und Zucker in einen Topf geben und bei geringer Hitze unter Rühren kurz aufkochen, dann 2-3 Minuten sanft köcheln lassen. Vom Herd nehmen und etwas abkühlen lassen.

2. Gelatine mit Wasser in eine hitzebeständige Schüssel geben und aufquellen lassen. Die Schüssel auf einen Topf mit kochendem Wasser setzen und die Gelatine erhitzen, bis sie sich aufgelöst hat.

3. Die Vanillestange aus der Sahne entfernen und die Gelatine einrühren. Die Mischung in die vorbereiteten Formen gießen und mit Frischhaltefolie abgedeckt mindestens 3 Stunden, besser über Nacht, kalt stellen, bis sie erstarrt ist.

4. Zum Servieren die gefüllten Formen bis zum Rand 2 Minuten in heißes Wasser tauchen und die erstarrten Panna-Cotta-Portionen auf Desserteller stürzen. Mit Minze und Erdbeeren dekoriert servieren.

Orangengranita

FÜR 6 PERSONEN

6 unbehandelte Orangen
1½ unbehandelte Zitronen
140 g Zucker
450 ml Wasser
6 Amaretti, zum Servieren

1. Die Früchte schälen und die weiße Haut entfernen. Einige dünne Streifen von der Schale der Orangen abschneiden und alles aufbewahren. Den Saft auspressen.

2. Zucker und Wasser unter Rühren in einem Topf zum Kochen bringen, bis der Zucker aufgelöst ist. 10 Minuten ohne Rühren weiterkochen, bis die Flüssigkeit andickt. Vom Herd nehmen, die großen Schalenstücke hinzufügen, abdecken und abkühlen lassen.

3. Die Schalenstücke mit einem Schaumlöffel aus dem abgekühlten Sirup heben und den Saft einrühren. In einen Gefrierbehälter füllen und 4 Stunden im Gefrierfach anfrieren lassen.

4. Die dünnen Schalenstreifen 2 Minuten blanchieren. Dann abtropfen lassen und mit fließend kaltem Wasser übergießen. Mit Küchenpapier trocken tupfen.

5. Die Granita aus dem Gefrierfach nehmen und mit einer Gabel aufbrechen. Weitere 4 Stunden tiefkühlen, bis sie hart ist.

6. Die Granita aus dem Gefrierfach nehmen und stehen lassen, bis sie antaut. Mit einer Gabel umrühren, in Gläser geben und mit den Orangenstreifen dekorieren. Mit Amaretti servieren.